대한검정회 한자급수자격검정시험대비

오늘한자

7급

"진짜 히어로는 우리 아이들입니다!"

에듀히어로는
우리 아이들이 밝고 건강한 내일을 꿈꿀 수 있도록
긍정적이고 효과적인 교육 서비스를 제공하는 것을
최우선 목표로 하고 있습니다.

그 존재만으로도 든든한 히어로처럼 아이들의 곁에서
힘이 되어 주고, 나아가 아이들 각자가 스스로의 인생 속
히어로가 될 수 있도록

우리는 진심과 열정을 다해 아이들과 함께할 것을 약속 드립니다.

네이버 카페
교재 상세 소개와 진단 테스트
및 유용하게 풀 수 있는
학습 자료를 다운로드 해 보세요.

인스타그램
에듀히어로 인스타그램을
팔로우하시면 다양한 이벤트와
신간 소식을 빠르게 만나 보실
수 있습니다.

카카오톡 채널
자녀 공부 상담 및
자유로운 질문을 남겨 주세요.
함께 고민하고
답변해 드리겠습니다.

히어로컨텐츠 HEROCONTENTS

발행일 2024년 1월　　**발행인** 이예찬

기획개발 한송이　　**발행처** 히어로컨텐츠

디자인 KL Design　　**삽화** 정유나

감수 및 모의시험 출제 김률민(前 대한검정회 시험출제위원)

주소 서울특별시 금천구 서부샛길 632, 7층(대륭테크노타운5차)

전화 02-862-2220　　**팩스** 02-862-2227

지원카페 cafe.naver.com/eduherocafe　　**인스타그램** @edu__hero　　**카카오톡** 에듀히어로

* 잘못된 책은 바꿔드립니다.

* 이 책의 전부 또는 일부 내용을 재사용하려면 사전에 저작권자의 동의를 받아야 합니다.

대한검정회 한자급수자격증이 생기는 마~법!

우리말에는 한자로 구성된 많은 한자어가 포함되어 있기 때문에 한자를 배우면 우리말 또한 더욱 잘 이해할 수 있고 풍성하게 표현할 수 있어요. 이 책에 수록한 기초 한자와 한자어를 학습하고 한자급수자격검정시험을 준비하는 과정은 말과 글을 배우고 익히는 어린이들에게 다음과 같은 여러 장점을 줄 수 있어요.

일상 속 한자와 한자어 이해

한 개의 한자를 학습하는 것만으로도 학습 한자와 관련된 여러 한자어의 의미를 익히고 유추할 수 있게 돼요. 한자어의 뜻을 무작정 외우려고 하기보다는, 일상에서 쓰이는 한자를 배우고 익힘으로써 자연스럽게 한자어의 뜻을 파악하고 이해할 수 있게 됩니다.

어휘력, 표현력, 문해력, 의사소통 능력 향상

한자를 아는 것은 어휘력, 문해력 및 표현력 향상에 큰 도움이 돼요. 책을 읽거나 대화를 나눌 때도 문장의 뜻을 더욱 잘 이해하고 자신의 의견을 상대방에게 더욱 풍부하게 표현할 수 있어요. 이는 서로 간의 원활하고 다채로운 의사소통을 가능하게 해 줍니다.

교과 과목 학습 흥미, 학업 성취도 향상

한자를 알면 학교에서 배우는 교과서 속 한자어들을 마냥 어려워하거나 낯설어 하지 않게 돼요. 뜻 모를 한자어에 주눅 들지 않고 자연스럽게 학교 수업에 즐겁게 참여하게 되고, 이는 과목에 대한 흥미 향상과 학업 성취도 향상으로 이어지게 됩니다.

자신감, 성취감 달성

무엇보다도 대한검정회 한자급수자격검정시험 준비 및 합격의 과정을 통해 아이들에게 '할 수 있어!'라는 자신감과 '해냈어!'라는 성취감의 씨앗이 무한히 자라게 됩니다.

스스로 책을 읽거나 자기 생각을 조리 있게 표현하기 시작하는 연령대의 어린이들이 1일 1개의 한자 학습으로 우리말 속 한자어를 더욱 잘 이해할 수 있는 동시에, 한자급수자격검정시험 합격이라는 소중한 성취감을 달성할 수 있기를 진심으로 응원합니다!

에듀히어로

이 책의 구성과 특징

하루 1자씩 20일 프로그램

대한검정회에서 주관하는 한자급수자격검정시험 7급의 선정 한자는 8급에서 배운 30자를 포함하여 총 50자입니다. [오늘한자 7급]은 신규 한자 20자를 한 주에 4자씩 배분하여 하루에 1자씩 5주에 걸쳐 공부하도록 구성하였습니다. 따라서 딱 20일이면 7급 한자 전부를 완벽하게 학습하고 시험을 대비할 수 있습니다.

1. '한눈에 보는' 주차별 한자
한 주 동안 공부할 한자를 한눈에 확인해 보고 새로운 한자에 대한 기대와 흥미를 유발하여 학습 효과가 극대화됩니다.

2. '하루 한 자' 오늘 한자
큰 글씨의 한자와 한자의 뜻이 연상되는 그림, 한자가 형성된 원리와 일상 속 한자어를 함께 수록하여 재밌고 자연스럽게 학습합니다.

3. '또박또박' 따라 쓰기
한자마다 획순을 익혀 가며 학습하고 빈칸에 한 글자씩 또박또박 따라 쓰다 보면, 바른 필체를 갖게 되고 집중력이 향상됩니다.

4. '실력쑥쑥' 연습 문제
당일에 배운 한자와 연관된 다양한 유형의 연습 문제를 풀어 보며, 한자 실력에 대한 자신감이 자라납니다.

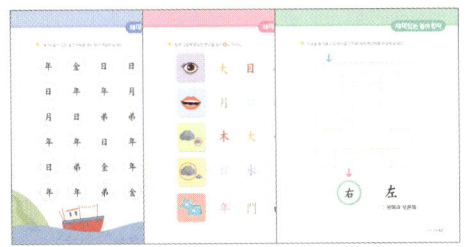

5. '재미있는' 놀이 한자

꼬불꼬불 미로 찾기, 반듯반듯 선 잇기,
알쏭달쏭 스도쿠 등 다양한 놀이를 통해 한자를
쉽고 재미있게 익힙니다.

6. '족집게' 예상 문제

급수 시험과 동일한 형태의 예상 문제로
한 주의 한자 학습을 마무리하며, 학습 효과를
점검하고 시험에 대한 자신감을 길러 줍니다.

7. 부록

❶ '한 걸음 더' 한자 어휘

뜻이 서로 반대되는 한자와 두음 법칙을 적용받는 한자를 통해 한자를 더욱 잘 알고 이해할 수 있습니다.

❷ '차근차근' 확인 학습

7급 선정 한자 50자의 한자와 음운을 빈칸에 쓰면서 차근차근 확인할 수 있도록 구성했습니다.

❸ 모의시험과 OMR 답안지

기출 유형을 면밀히 분석하여 모의시험을 구성했으며, 답안지 작성법을 익힐 수 있도록 실제 OMR 답안지를 수록했습니다.

❹ '손안에 쏙' 한자 카드

간편하게 휴대할 수 있는 알록달록 귀여운 그림과 학습 한자가 수록된 한자 카드를 구성했습니다.

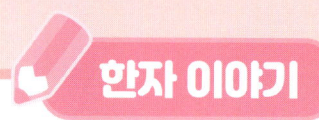

한자의 기본 구성 요소

한자는 한자의 생김새나 모양을 뜻하는 '형(形)'과 한자가 가지고 있는 뜻을 나타내는 '훈(訓)', 그리고 한자를 읽을 때 소리인 '음(音)'으로 이루어져 있어요.

한자 학습 기초 용어

한자 공부를 할 때, 자주 쓰이는 용어들이에요. 학습 용어의 뜻을 알면, 문장이나 문제의 뜻도 어렵지 않게 잘 이해할 수 있어요.

획	한자를 쓸 때 한 번 그은 줄이나 점	획순	한자를 쓸 때 획을 긋는 순서
가로	왼쪽에서 오른쪽으로의 방향	세로	위에서 아래로의 방향
훈	한자의 뜻	음	한자의 소리
부수	한자의 뜻을 대표하는 한자	동의자	같은 뜻을 가지고 있는 한자
유의자	비슷한 뜻을 가지고 있는 한자	반의자	반대의 뜻을 가지고 있는 한자

한자의 획순

한자는 획으로 이루어져 있고, 이 획은 몇 가지 정해진 규칙에 따라 씁니다. 이 규칙을 잘 알고 있으면 한자를 바르게 쓸 수 있어요.

❶ 위에서부터 아래로 써요.
三 → 三 三 三

❷ 왼쪽에서부터 오른쪽으로 써요.
江 → 江 江 江 江 江

❸ 가로획과 세로획이 겹칠 때는 가로획부터 써요.
用 → 用 用 用 用 用

❹ 삐침과 파임이 있을 때는 삐침을 먼저 써요.
人 → 人 人

❺ 획이 좌우 대칭일 때는 가운데를 먼저 써요.
小 → 小 小 小

❻ 둘러싼 모양의 한자는 바깥쪽을 먼저 써요.
內 → 內 內 內 內

❼ 한자를 가로지르는 가로획은 나중에 써요.
母 → 母 母 母 母 母

❽ 한자 전체에 긋는 세로획은 나중에 써요.
牛 → 牛 牛 牛 牛

❾ 왼쪽에 있는 부수 중 책받침은 나중에 써요.
迅 → 迅 迅 迅 迅 迅 迅 迅

❿ 오른쪽 위에 있는 점은 나중에 써요.
犬 → 犬 犬 犬 犬

한자의 부수

부수는 뜻으로 나누어 놓은 한자의 무리에서 뜻을 대표하는 글자로, 한자 자전에서 글자를 찾는 길잡이 역할을 해요. 부수는 한자의 뜻과 관련이 있기 때문에 부수를 잘 익혀 놓으면 모르는 한자의 뜻도 짐작해 보거나 이해할 수 있어요. 부수에 해당하는 한자가 다른 글자 속에 위치할 때는 그 모양이 변하기도 해요(水→江). 부수는 한자의 여러 위치에 놓여 쓰이는데, 놓이는 위치에 따라 부수를 이르는 말이 각각 달라요.

변
부수가 글자의 **왼쪽**에 있을 때

방
부수가 글자의 **오른쪽**에 있을 때

머리
부수가 글자의 **위**에 있을 때

발
부수가 글자의 **아래**에 있을 때

받침
부수가 글자의 **왼쪽과 아래**에 걸쳐 있을 때

엄호
부수가 글자의 **위와 왼쪽**에 걸쳐 있을 때

몸
부수가 글자의 **바깥 부분**을 둘러싸고 있을 때

제부수
글자 자체가 **부수**일 때

한자의 육서

한자가 만들어지고 사용되는 원리에 대한 여섯 가지 명칭을 '육서(六書)'라고 해요.
육서(六書)를 살펴보면 한자가 어떻게 만들어지고, 어떻게 쓰여 왔는지를 알 수 있어요.

상형 실제 사물의 모습을 그대로 본떠 만들고, 사물의 특징을 비교적 간단한 선으로 표현하여 한자를 만드는 방법이에요.

지사 점 또는 선으로 상징적인 부호를 표현하거나 추상적인 개념을 뜻하는 한자를 만드는 방법이에요.

회의 두 개 이상의 상형자 또는 지사자를 합해 새로운 뜻을 가진 한자를 만드는 방법이에요.

형성 한 한자의 뜻을 표현하는 부분과 다른 한 한자의 소리를 표현하는 부분을 합해 새로운 한자를 만드는 방법이에요.

전주 새로운 한자를 만드는 것이 아닌, 이미 있는 한자의 의미를 변화시켜 다른 뜻으로 사용하는 방법이에요.

가차 어떤 뜻을 나타내는 한자가 없을 때, 뜻과는 상관없이 발음이 같거나 비슷한 한자를 빌려와 새 한자를 만드는 방법이에요.

대한검정회 한자급수자격검정시험 소개

한자급수자격검정시험 주최 기관 및 등급 유형

- 자격명: 한자급수자격검정   • 주최 기관: 사단법인 대한민국한자교육연구회 대한검정회
- 등록등급: 8급, 7급, 6급, 준5급, 5급, 준4급, 4급, 준3급, 3급, 대사범
- 공인등급: 준2급, 2급, 준1급, 1급, 사범

한자급수자격검정시험 출제 형식 및 합격 기준

급수별 상세 항목	교육 급수											
	8급	7급	6급	준5급	5급	준4급	4급	준3급	3급	준2급	2급	준1급	1급
선정 한자 수 (*신규 한자)	30자	50자 (*20자)	70자 (*20자)	100자 (*30자)	250자 (*150자)	400자 (*150자)	600자 (*200자)	800자 (*200자)	1,000자 (*200자)	1,500자 (*500자)	2,000자 (*500자)	2,500자 (*500자)	3,500자 (*1,000자)
출제 문항 수	25문항	50문항								100문항		150문항	
출제 형식	객관식(25문항)	객관식(50문항)								객관식(50문항) 주관식(50문항)		객관식(50문항) 주관식(100문항)	
합격 기준 (70점 이상)	25문항 중 18문항 이상	50문항 중 35문항 이상								100문항 중 70문항 이상		150문항 중 105문항 이상	
시험 시간(분)	40분									60분		90분	

*각 급수별 선정 한자 수는 하위 급수의 선정 한자 수를 포함한 것입니다.
(예: 8급 선정 한자 30자 + 7급 신규 한자 20자 = 7급 선정 한자 50자)

대한검정회 한자급수자격검정시험 응시 유형 및 유의 사항

항목	현장 한자급수자격검정시험	온라인 한자급수자격검정시험
응시 가능 등급	8급 ~ 대사범	8급 ~ 준3급
준비물	• 수험표, 검정색 볼펜, 수정 테이프, 실내화 • 신분증 단, 8급~준3급 응시자 중 만 12세 이하의 경우 신분증 없이 수험표만으로도 고사장 입실 가능	• 시험 응시 기기: PC, 노트북, 태블릿 PC 중 택 1 • 신분 확인 기기: 스마트폰
유의 사항	• 13시 40분까지 본인 응시 좌석에 착석 • 반드시 전자기기의 전원 버튼 끄기 (부정 행위 방지) • 답안 표기 수정 시 답안지 교체 요청 또는 수정 테이프로 수정	• 인터넷 연결이 원활하며 정숙하게 시험을 마칠 수 있는 실내 공간에서 응시(야외X, 자동차 안 X) • 온라인 고사실(Zoom) 입실 시간에 맞춰 실명으로 입장

원서 접수 및 응시 일정은 대한검정회 사정에 의해 변경될 수 있으므로 대한검정회 홈페이지를 참조하시기 바랍니다.
(https://www.hanja.ne.kr)

7급 신규 한자 20자

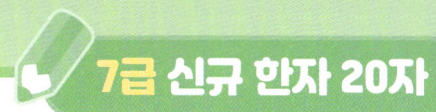

• 대한검정회 한자급수자격검정시험 7급의 시험 범위는, 8급 한자 30자와 7급에서 새로 추가된 20자를 합한 총 50자입니다.

ㄱ 江 강 강	口 입 구	ㄴ 內 안 내	年 해 년
ㄷ 大 큰 대	ㅁ 目 눈 목	ㅂ 白 흰 백	ㅅ 山 메(뫼) 산
上 위 상	小 작을 소	手 손 수	ㅇ 外 바깥 외
右 오른 우	入 들 입	ㅈ 足 발 족	左 왼 좌
中 가운데 중	ㅊ 靑 푸를 청	出 날 출	ㅎ 下 아래 하

8급 포함 한자 30자

8급 한자 복습

1 그림에 알맞은 한자를 골라 빈칸에 써 보세요.

> 보기 一 二 三 四 五 六 七 八 九 十

1 一

2

3

4

5

6

7

8

9

10

2 그림, 뜻과 음, 한자를 서로 알맞은 것끼리 선으로 연결해 보세요.

[3-4] 그림에 알맞은 한자를 골라 그 번호를 쓰세요.

| 보기 | ① 木 | ② 金 | ③ 土 | ④ 日 |

5 밑줄 친 두 부분을 공통으로 뜻하는 한자를 골라 그 번호를 쓰세요. (   )

- 금요일에는 친구들과 약속이 있습니다.
- 이 종은 쇠를 녹여 만들었습니다.

① 金   ② 木   ③ 土   ④ 四

[6-9] 다음 한자의 뜻으로 알맞은 것에 ○표 하세요.

6 母 (어머니   ,   아버지   )

7 弟 (형   ,   동생   )

8 土 (흙   ,   산   )

9 北 (동   ,   북   )

10 한자와 어울리는 그림을 골라 ○표 하세요.

南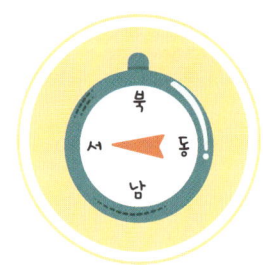

11 빈칸에 알맞은 한자 또는 뜻과 음을 써 보세요.

차례

1주차 년, 크기 ·········· 19
年, 大, 中, 小

2주차 신체 ·········· 37
目, 口, 手, 足

3주차 방향 ·········· 55
左, 右, 上, 下

4주차 위치 ·········· 73
出, 入, 內, 外

5주차 자연, 색깔 ·········· 91
江, 山, 靑, 白

정답 및 부록 ·········· 109

한자 어휘(뜻이 반대되는 한자, 두음 법칙을 적용받는 한자)
확인 학습, 모의시험, 정답, OMR 답안지,
한자 카드

1주차

년, 크기

1주차에 배울 한자를 살펴보세요.

- **1일** 年 해 년 20
- **2일** 大 큰 대 24
- **3일** 中 가운데 중 28
- **4일** 小 작을 소 32

⭐ 1주차 7급 예상 문제 36

오늘 한자

1일 해 년

뜻 해 음 년

해를 뜻하고
년이라고 읽어요.

형성 원리 [형성] 벼를 의미하는 한자인 禾(벼 화)와 사람을 의미하는 한자인 人(사람 인)이 결합한 글자로, 사람이 수확한 벼를 짊어지고 돌아오는 모습이에요. 나중에 곡식이 익고 수확하여 한 해가 마무리 되었다는 의미에서 '해'나 '새해'를 뜻하게 되었어요.

일상 속 한자어 소년(少年): 아직 완전히 성숙하지 아니한 어린 사내아이.
학년(學年): 일 년간의 학습 과정의 단위.

✏️ '해 년'을 모두 찾아 〇표 하세요.

日　年　東　年　年　門

또박또박 따라 쓰기

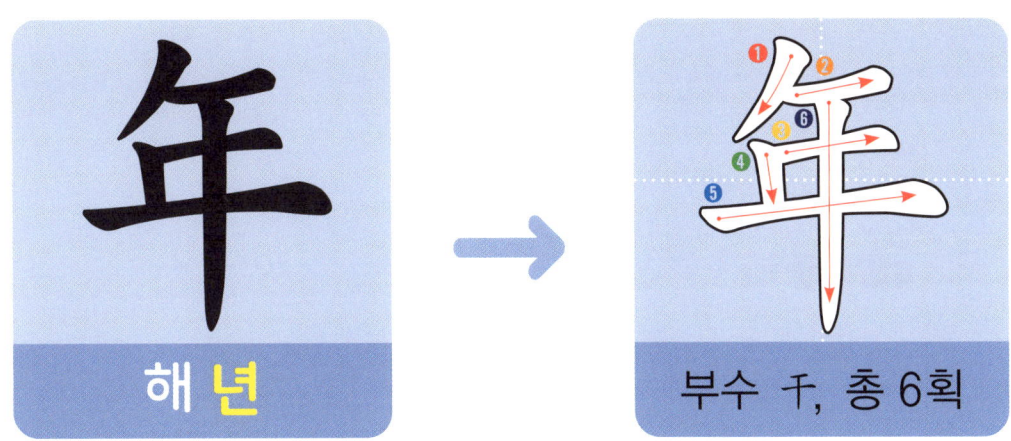

부수 干, 총 6획

해 년

◆ 쓰는 순서에 맞추어 한자를 바르게 쓰고 익혀 보세요.

쓰는 순서 年 年 年 年 年 年

年			
해 년			

실력쑥쑥 연습문제

[1-2] 그림과 어울리는 문장이 되도록 빈칸에 알맞은 한자를 써 보세요.

1

　　(일 년) 사이에 키가 3센티미터나 자랐습니다.

2

　　(소년)이 북을 둥둥 쳤습니다.

3 밑줄 친 두 부분을 공통으로 뜻하는 한자를 골라 그 번호를 쓰세요. (　　　　)

- 한 해를 마무리하는 12월.
- 나는 10년 후의 나의 모습을 상상해 보았습니다.

① 年　　　② 月　　　③ 母　　　④ 北

4 다음 한자의 뜻과 음을 써 보세요.

年　　뜻 _____　　음 _____

재미있는 놀이 한자

◆ '年'이 들어 있는 동그라미를 모두 찾아 색칠해 보세요.

年	金	日	日	年
日	年	年	月	日
月	日	弟	弟	金
年	年	日	年	月
日	弟	金	年	日
年	年	弟	金	年

1주차_년, 크기 23

2일 큰 대

오늘 한자

뜻 큰 음 대

크다를 뜻하고
대 라고 읽어요.

형성 원리 [상형] 양팔을 벌리고 서 있는 사람의 모습을 본뜬 글자로, '큰'이나 '크다'를 뜻해요.

일상 속 한자어 대문(大門): 큰 문. 주로, 한 집의 주가 되는 출입문을 이른다.
대학교(大學校): 고등 교육을 베푸는 교육 기관.
대통령(大統領): 외국에 대하여 국가를 대표하는 국가의 원수.

✏️ '큰 대'를 모두 찾아 O표 하세요.

大   人   人   大   大   八

또박또박 따라 쓰기

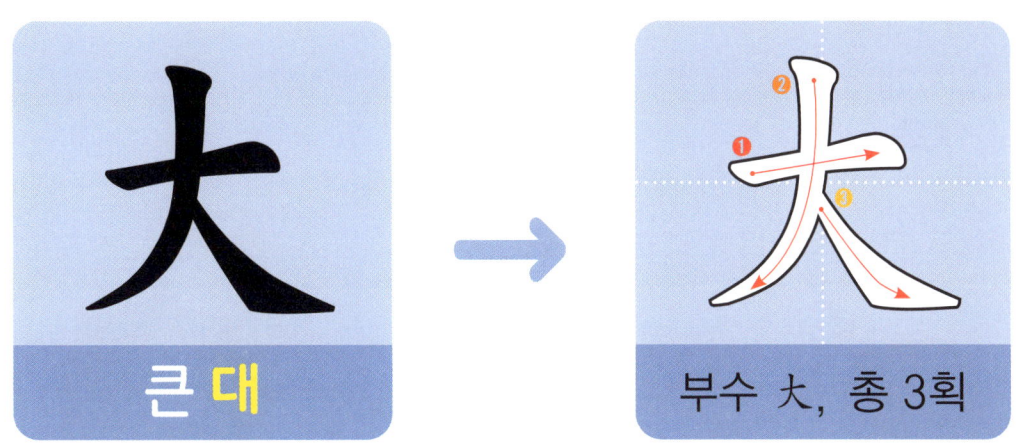

부수 大, 총 3획

큰 대

🖊 쓰는 순서에 맞추어 한자를 바르게 쓰고 익혀 보세요.

쓰는 순서 大 大 大

大			
큰 대			

실력쑥쑥 연습문제

[1-2] 그림에 알맞은 한자를 골라 그 번호를 쓰세요.

> 보기   ① 大   ② 日   ③ 六   ④ 木

1 (   )

2 (   )

[3-4] 다음 한자의 음으로 알맞은 것을 골라 그 번호를 쓰세요.

> 보기   ① 해   ② 년   ③ 큰   ④ 대

3 大 (   )   **4** 年 (   )

5 다음 한자어를 바르게 읽은 것을 골라 그 번호를 쓰세요.   (   )

大門

① 대문   ② 소문   ③ 대목   ④ 소목

재미있는 놀이 한자

◆ 같은 숫자끼리 같은 색으로 색칠한 다음, 어떤 한자가 숨어 있는지 찾아보세요.
찾은 한자와 그 한자의 뜻과 음을 아래 빈칸에 써 보세요.

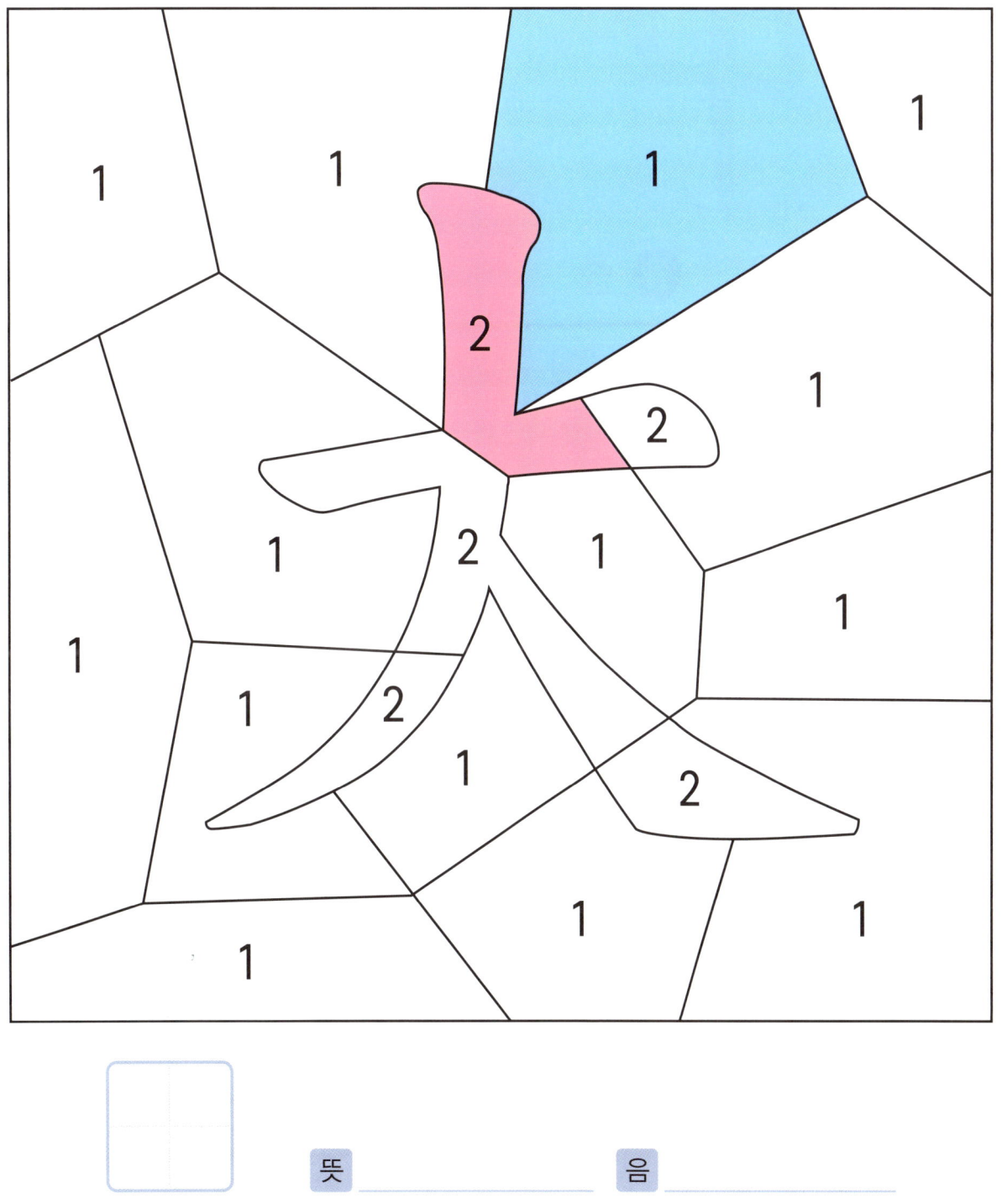

뜻 _____ 음 _____

3일 가운데 중

오늘 한자

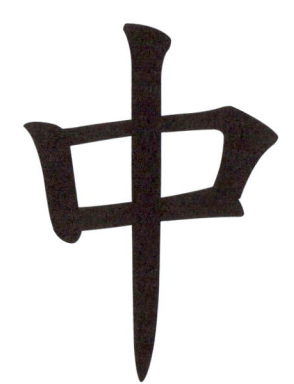
뜻 가운데 음 중

가운데를 뜻하고
중이라고 읽어요.

형성 원리 [상형] 사물의 한가운데를 꿰뚫는 모습을 본뜬 글자예요. 과거의 군사 진영 중앙에서 펄럭이는 깃발의 모습을 그렸다고도 해요. '안' 또는 '가운데'를 뜻하나, 과녁을 꿰뚫은 모습에서 '맞히다'를 뜻하기도 해요.

일상 속 한자어 문중(門中): 성과 본이 같은 가까운 집안.
중동(中東): 일반적으로 서아시아 일대를 이른다.
중간(中間): 두 사물의 사이.

✏️ '가운데 중'을 모두 찾아 ◯표 하세요.

四　中　中　口　日　中

또박또박 따라 쓰기

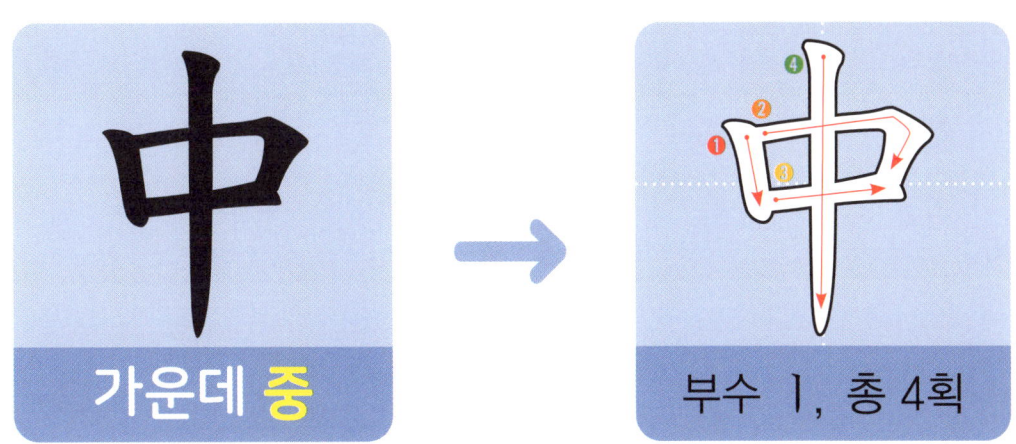

부수 丨, 총 4획

가운데 중

◆ 쓰는 순서에 맞추어 한자를 바르게 쓰고 익혀 보세요.

쓰는 순서 丨 中 中 中

中			
가운데 중			

1주차_년, 크기 29

실력쑥쑥 연습 문제

[1-2] 다음 한자의 뜻과 음으로 알맞은 것을 골라 그 번호를 쓰세요.

> 보기 ① 큰 대   ② 가운데 중   ③ 해 년   ④ 두 이

1 年 (   )   **2** 中 (   )

[3-4] 다음 한자어를 바르게 읽은 것을 골라 그 번호를 쓰세요.

> 보기 ① 문중   ② 수중   ③ 중동   ④ 일대

3 門中 (   )   **4** 中東 (   )

[5-7] 다음 문장의 밑줄 친 부분을 뜻하는 한자를 써 보세요.

5 강 가운데 배가 떠 있습니다. ☐

6 이 숲에는 키가 큰 나무가 많습니다. ☐

7 새해 복 많이 받으세요. ☐

재미있는 놀이 한자

◆ 다음 한자의 반쪽을 찾아 서로 연결해 보세요.

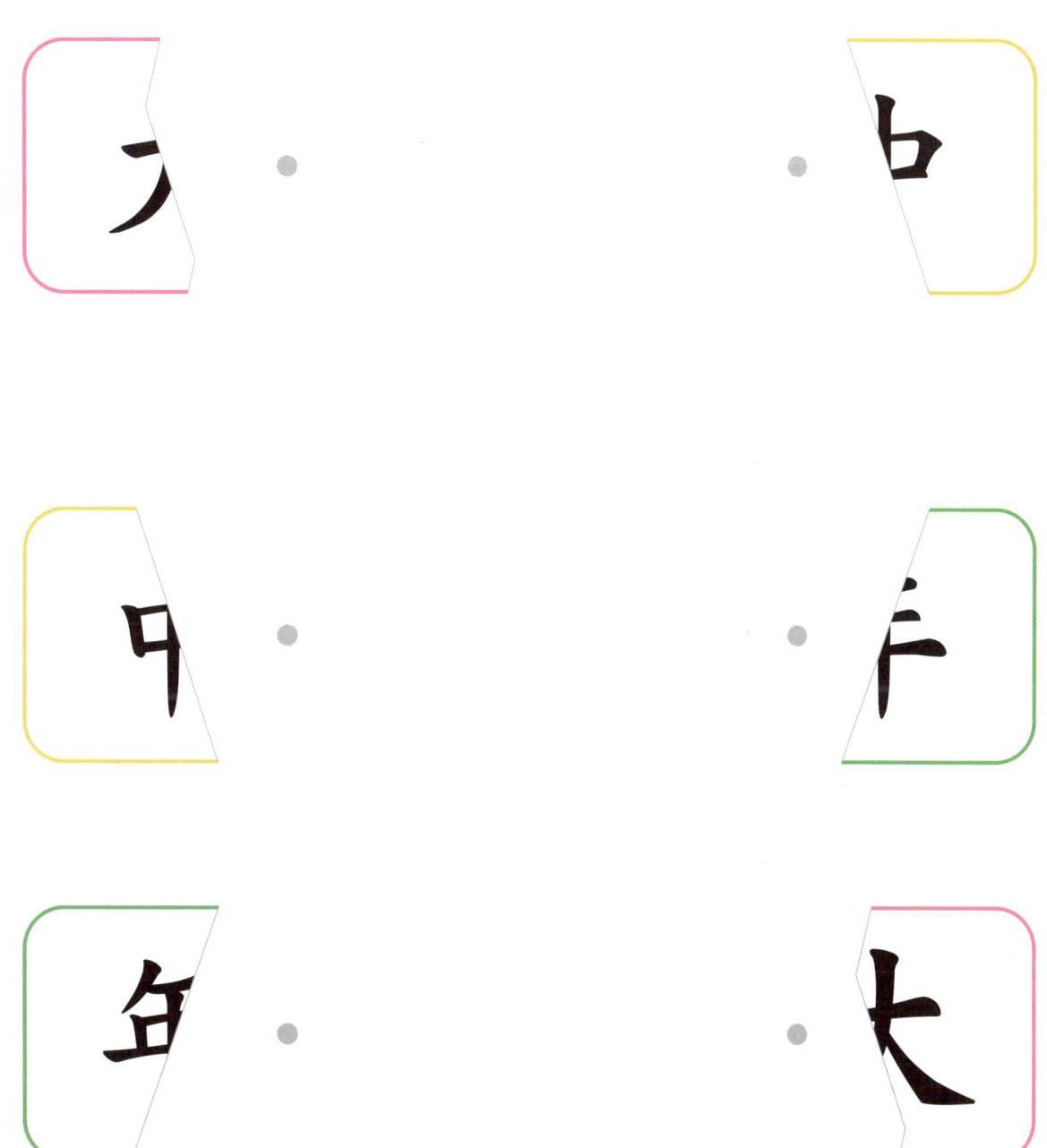

1주차_년, 크기

4일 작을 소

오늘 한자

뜻 작을 음 소

작다를 뜻하고
소라고 읽어요.

> **형성 원리** [회의·상형] 아주 작은 물건을 둘로 나누는 모습, 또는 작은 파편이 튀는 모습을 본뜬 글자로, '어리다'나 '작다'를 뜻해요.
>
> **일상 속 한자어** 소인(小人): 나이가 어린 사람.
> 소설(小說): 사실 또는 작가의 상상력에 바탕을 두고 이야기를 꾸며 나간 산문체의 문학 양식.

◆ '작을 소'를 모두 찾아 ○표 하세요.

小 八 六 六 小 大

또박또박 따라 쓰기

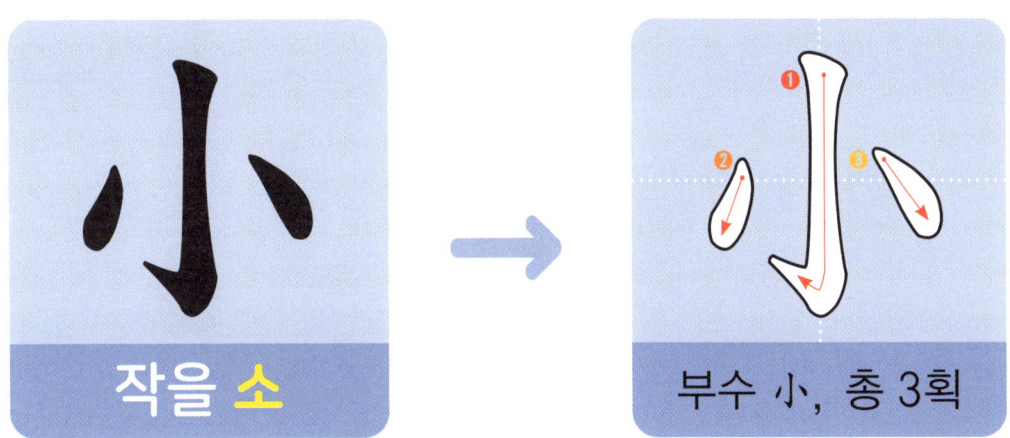

작을 소 → 부수 小, 총 3획

🔸 쓰는 순서에 맞추어 한자를 바르게 쓰고 익혀 보세요.

쓰는 순서 小 小 小

小 작을 소			

실력쑥쑥 연습문제

1 '大'와 반대의 뜻을 가진 한자를 써 보세요.

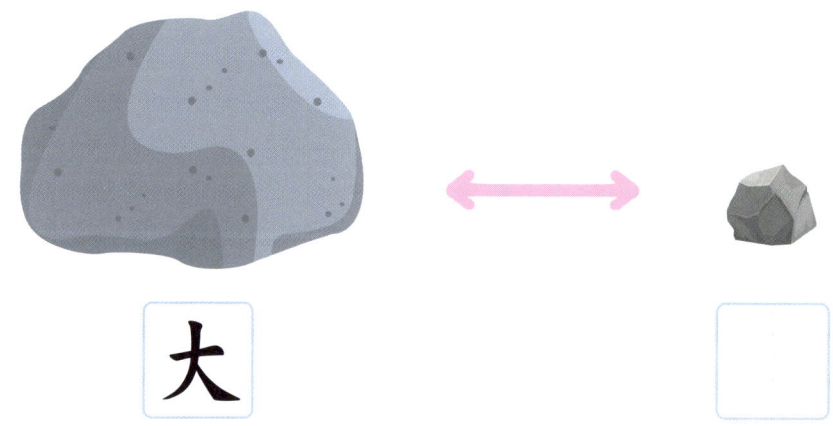

[2-3] 다음 문장을 읽고 물음에 알맞은 답을 골라 그 번호를 쓰세요.

> 입장료가 大人은 1,000원, 소인은 500원입니다.

2 위의 밑줄 친 '大人'을 바르게 읽은 것은 무엇일까요? (　　　)

① 대인　　　② 대입　　　③ 태입　　　④ 대간

3 위의 밑줄 친 '소인'을 한자로 바르게 쓴 것은 무엇일까요? (　　　)

① 小人　　　② 小中　　　③ 大人　　　④ 月中

[4-5] 다음 한자의 뜻으로 알맞은 것에 O표 하세요.

4 中 (　크다　,　가운데　)

5 小 (　크다　,　작다　)

재미있는 놀이 한자

✏️ 그림과 어울리는 한자를 찾아 선으로 연결해 보세요.

1주차 7급 예상 문제

1 그림에 알맞은 한자를 고르시오. (   )

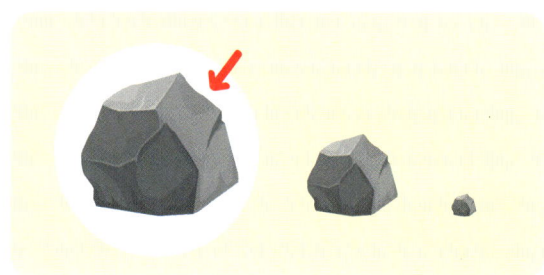

① 年   ② 大
③ 中   ④ 小

[문제 2-4] 한자의 뜻과 음으로 바른 것을 고르시오.

> **보기**   ① 큰 대   ② 가운데 중   ③ 해 년   ④ 작을 소

2 大 (   )   **3** 中 (   )   **4** 小 (   )

[문제 5-6] 밑줄 친 어휘를 바르게 읽은 것을 고르시오.

> **보기**   ① 연중   ② 월중   ③ 대소   ④ 대중

5 남해는 <u>年中</u> 수온이 높습니다. (   )

6 아버지는 마을 일의 <u>大小</u>를 가리지 않고 앞장섰습니다. (   )

2주차 신체

2주차에 배울 한자를 살펴보세요.

- **5일** 目 눈목 ·············· 38
- **6일** 口 입 구 ·············· 42
- **7일** 手 손 수 ·············· 46
- **8일** 足 발 족 ·············· 50

⭐ 2주차 7급 예상 문제 ·············· 54

오늘 한자

5일 눈 목

뜻 눈 음 목

눈을 뜻하고
목이라고 읽어요.

형성 원리 [상형] 사람의 눈 모양을 본뜬 글자로, 처음엔 가로로 쓰였지만 한자를 세워 쓰이는 방식이 적용되면서 지금처럼 세로로 쓰이게 되었어요. '눈'을 뜻해요.

일상 속 한자어
이목(耳目): 귀와 눈을 아울러 이르는 말. 주의나 관심을 의미.
오목(五目): 바둑 놀이의 하나.
제목(題目): 작품이나 강연에서 그것을 대표하는 이름.

✏️ '눈 목'을 모두 찾아 ⭕표 하세요.

日   目   日   目   目   月

또박또박 따라 쓰기

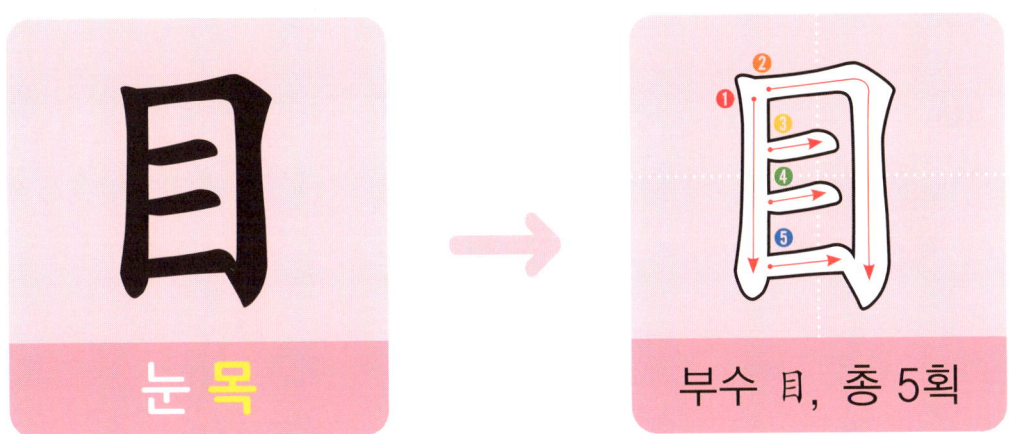

눈 목

부수 目, 총 5획

◆ 쓰는 순서에 맞추어 한자를 바르게 쓰고 익혀 보세요.

쓰는 순서 目 目 目 目 目

目	目	目	
눈 목			

실력쑥쑥 연습 문제

[1-2] 그림과 어울리는 문장이 되도록 빈칸에 알맞은 한자를 써 보세요.

1

☐ ☐ (오목)은 흑돌을 두는 사람이 더 유리합니다.

2

소녀는 예쁘장한 얼굴로 사람들의 ☐ ☐ (이목)을 끌었습니다.

[3-4] 다음 문장의 밑줄 친 부분을 뜻하는 한자를 골라 그 번호를 쓰세요.

> 보기 ① 日   ② 人   ③ 目   ④ 木

3 눈이 나빠 안경을 씁니다. (   )

4 얘들아, 준기가 큰 물고기를 낚았어! (   )

[5-6] 다음 한자의 총 획수를 쓰세요.

5 小 (   )   6 目 (   )

재미있는 놀이 한자

◆ 가려진 곳에 알맞은 부분을 찾아 선으로 연결하여 '目(눈 목)'을 완성해 보세요.

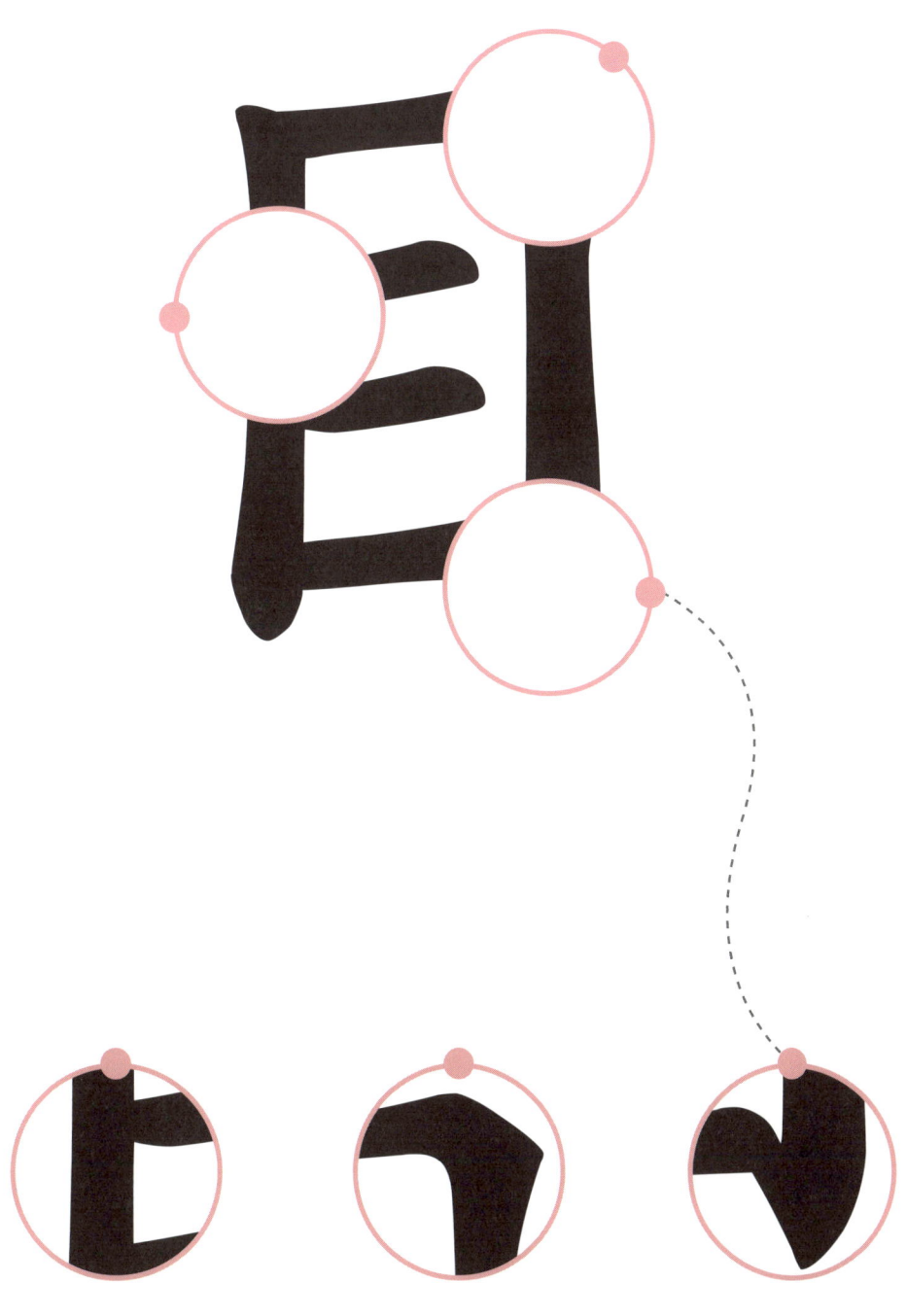

오늘 한자

6일 입 구

 입   구

입을 뜻하고
구라고 읽어요.

형성 원리 [상형] 사람의 입 모양을 본뜬 글자로, '입'을 뜻해요.

일상 속 한자어
인구(人口): 한 나라 또는 일정 지역에 사는 사람의 총수.
식구(食口): 한 집에 살면서 끼니를 같이하는 사람.
입구(入口): 들어가는 통로.
비상구(非常口): 화재나 지진 따위의 갑작스러운 사고가 일어날 때에 급히 대피할 수 있도록 마련한 출입구.

'입 구'를 모두 찾아 ○표 하세요.

四　母　口　日　口　口

또박또박 따라 쓰기

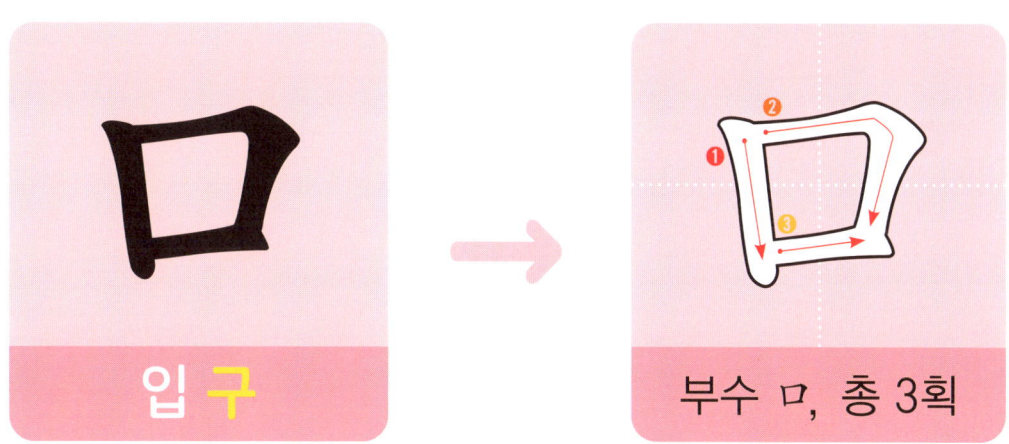

입 구

부수 口, 총 3획

✏️ 쓰는 순서에 맞추어 한자를 바르게 쓰고 익혀 보세요.

쓰는 순서 口 口 口			
口			
입 구			

실력쑥쑥 연습 문제

[1-2] 그림에 알맞은 한자를 골라 그 번호를 쓰세요.

| 보기 | ① 日 | ② 目 | ③ 口 | ④ 四 |

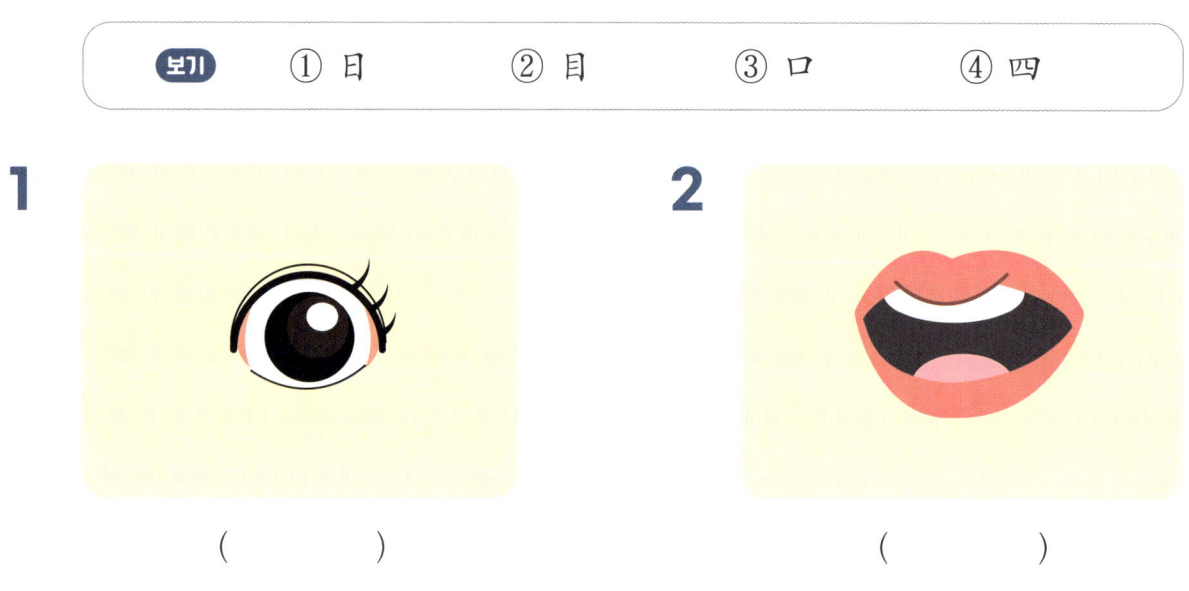

1 (   )

2 (   )

[3-4] 다음 뜻이나 음에 알맞은 한자를 골라 그 번호를 쓰세요.

| 보기 | ① 年 | ② 大 | ③ 目 | ④ 口 |

3 입 (   )

4 대 (   )

[5-6] 다음 한자어를 바르게 읽은 것을 골라 그 번호를 쓰세요.

| 보기 | ① 구중 | ② 입구 | ③ 오목 | ④ 일목 |

5 口中 (   )

6 五目 (   )

재미있는 놀이 한자

◆ 왼쪽 그림에 알맞은 한자를 골라 O표 하세요.

7일 손 수

오늘 한자

뜻 손 음 수

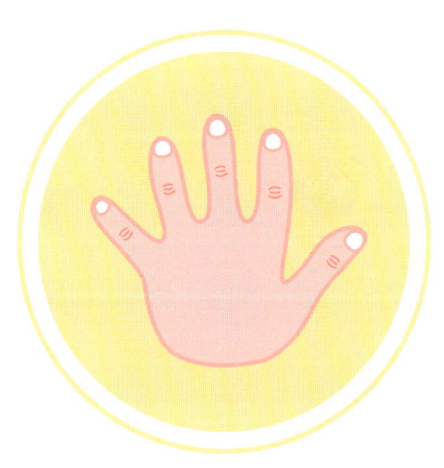

손을 뜻하고
수라고 읽어요.

형성 원리 [상형] 다섯 손가락을 편 손의 모습을 본뜬 글자로, '손'을 뜻해요.

일상 속 한자어 세수(洗手): 손이나 얼굴을 씻음
수건(手巾): 얼굴이나 몸을 닦기 위하여 만든 천 조각.
박수(拍手): 기쁨, 찬성, 환영을 나타내거나 장단을 맞추려고 두 손뼉을 마주침.

✏️ '손 수'를 모두 찾아 ○표 하세요.

男　手　水　手　兄　手

또박또박 따라 쓰기

손 수 → 부수 手, 총 4획

쓰는 순서에 맞추어 한자를 바르게 쓰고 익혀 보세요.

쓰는 순서 手 手 手 手

手	手	手	
손 수			

실력쑥쑥 연습 문제

[1-2] 다음 한자어를 바르게 읽은 것을 골라 그 번호를 쓰세요.

> 보기   ① 목수   ② 일목   ③ 수중   ④ 수족

1 木手 (   )
나무를 다루어 집을 짓거나 물건을 만드는 일로 업을 삼는 사람.

2 手中 (   )
손의 안. 또는 자기가 소유할 수 있거나 권력을 행사할 수 있는 범위.

[3-4] 다음 뜻과 음에 알맞은 한자를 쓰세요.

3 손 수 □   **4** 입 구 □

[5-6] 다음 문장의 빈칸에 알맞은 한자를 골라 써 보세요.

> 보기   手   土   弟   小

5 내가 좋아하는 歌 □ (가수)의 노래가 나왔습니다.

6 셜록 홈스가 주인공인 탐정 □ 說 (소설)을 읽었습니다.

재미있는 놀이 한자

아래의 힌트를 보고 알맞은 한자를 넣어 가로세로 한자 퍼즐을 완성해 보세요.

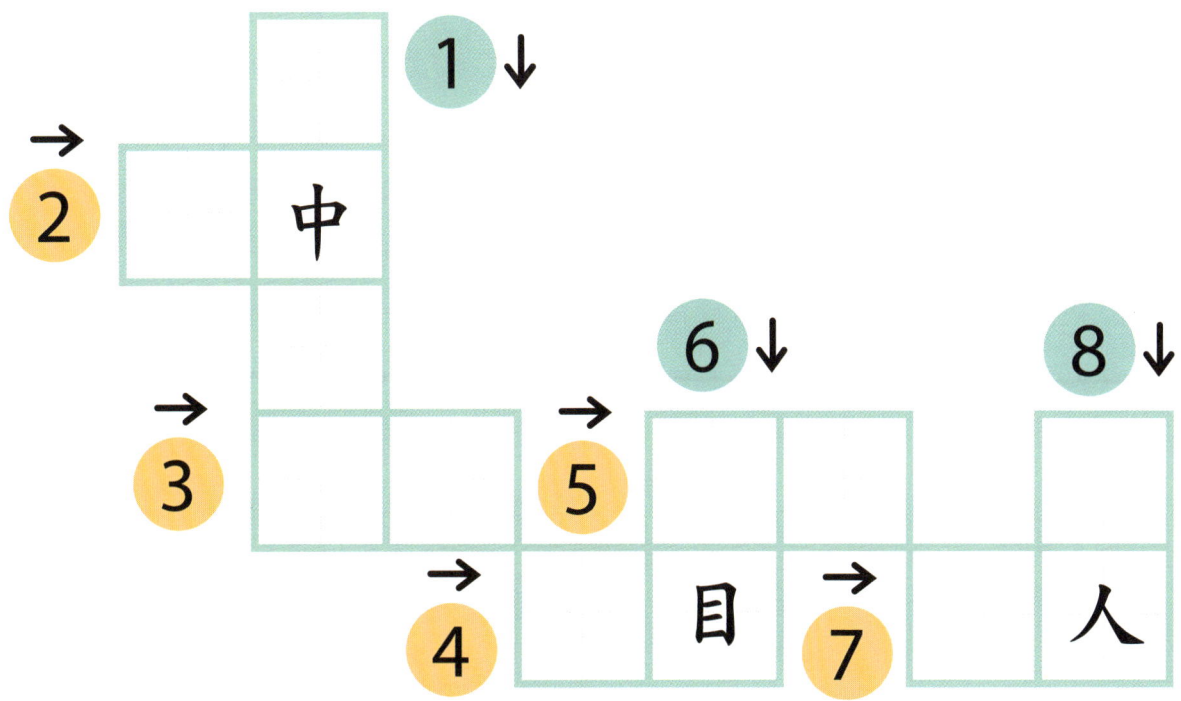

힌트

1↓ 십중팔구: 열 가운데 여덟이나 아홉 정도로 거의 대부분이거나 거의 틀림없음.
2→ 구중: 입안.
3→ 구년: 아홉 해.
4→ 오목: 바둑 놀이의 한 가지.
5→ 일수: 한 손.
6↓ 일목: 한쪽 눈.
7→ 소인: 나이가 어린 사람.
8↓ 대인: 자라서 어른이 된 사람. 보통 만 19세 이상의 남녀를 이른다.

오늘 한자

8일 발 족

뜻 발 음 족

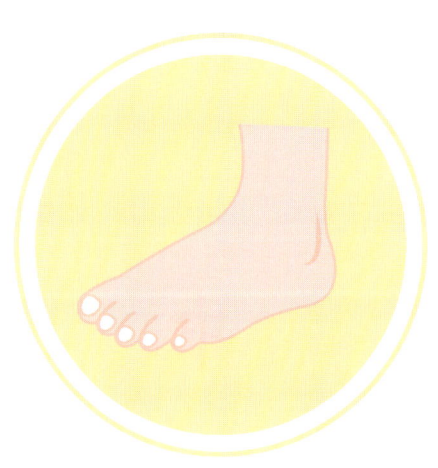

발을 뜻하고
족이라고 읽어요.

형성 원리 [상형] 무릎의 모양을 본뜬 한자인 口(입 구)와 무릎 아래부터 발끝까지의 모양을 본뜬 한자인 止(그칠 지)를 합한 글자로, '발'을 뜻해요.

일상 속 한자어 사족(蛇足): 뱀을 다 그리고 나서 있지도 않은 발을 덧붙여 그려 넣음. 쓸데없는 짓을 하여 도리어 잘못되게 함을 뜻함.
만족(滿足): 모자람이 없이 충분하고 넉넉함. 마음에 흡족함.
족구(足球): 발로 공을 차서 네트를 넘겨 승부를 겨루는 경기.

◆ '발 족'을 모두 찾아 ○표 하세요.

足　足　手　兄　足　手

또박또박 따라 쓰기

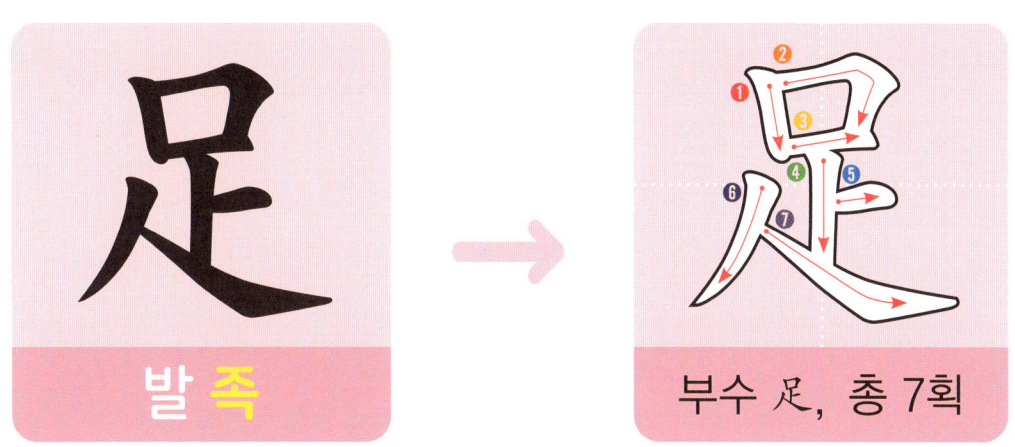

발 족

부수 足, 총 7획

✏️ 쓰는 순서에 맞추어 한자를 바르게 쓰고 익혀 보세요.

쓰는 순서 足 足 足 足 足 足 足

足	足	足	
발 족			

실력쑥쑥 연습 문제

[1-2] 그림에 알맞은 한자를 골라 그 번호를 쓰세요.

보기   ① 大   ② 足   ③ 小   ④ 手

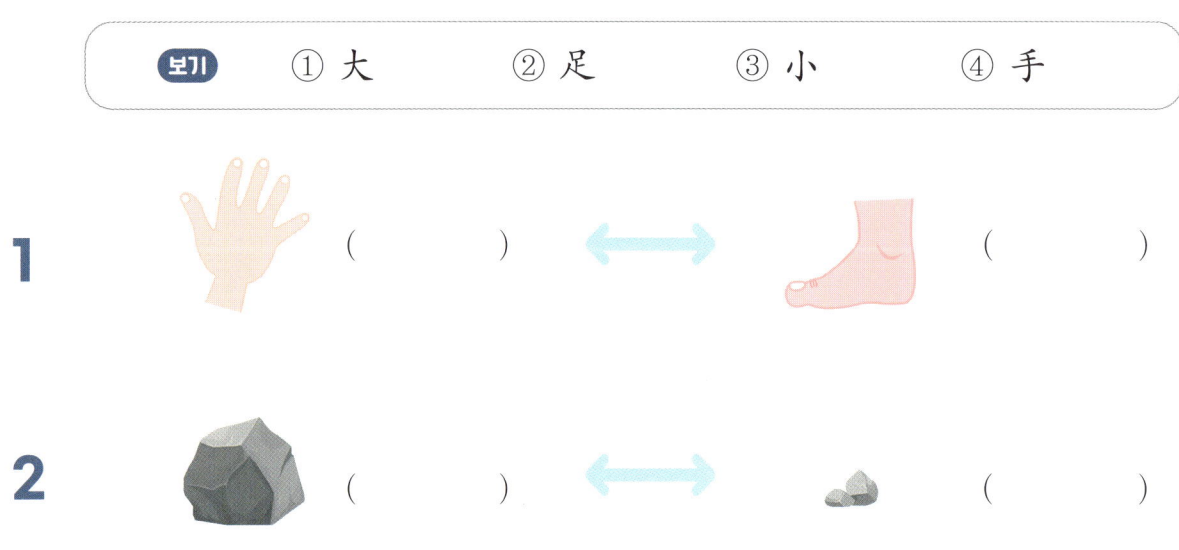

3 다음 한자의 뜻과 음으로 알맞은 것을 골라 선으로 이어 보세요.

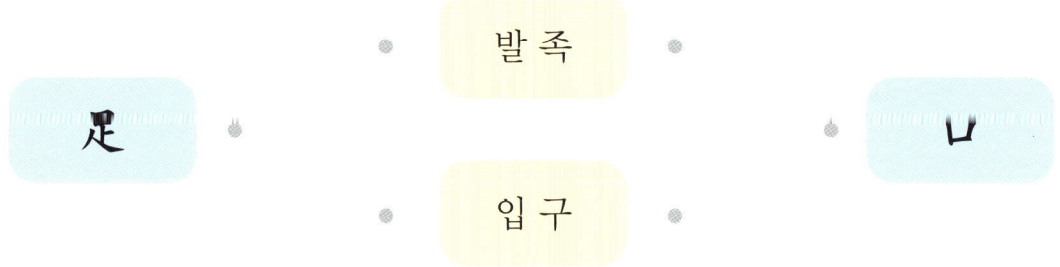

[4-5] 다음 한자의 뜻으로 알맞은 것에 O표 하세요.

4 目 (눈   ,   입   )

5 足 (손   ,   발   )

재미있는 놀이 한자

◆ 몸의 각 부위별 명칭으로 알맞은 한자를 골라 빈칸에 써 보세요.

보기   目   口   手   足

족집게 예상 문제

⭐ 2주차 7급 예상 문제

[문제 1-2] 뜻과 음에 알맞은 한자를 고르시오.

> **보기**   ① 手   ② 土   ③ 弟   ④ 小

1 손 수 (   )   **2** 작을 소 (   )

[문제 3-4] 한자어의 뜻으로 알맞은 것을 고르시오.

3 四足 (   )

① 네 손가락   ② 손과 발
③ 오른쪽 발   ④ 네 개의 발

4 水中 (   )

① 가운데 바다   ② 물이 적다
③ 물의 가운데. 물속   ④ 물이 많다

5 밑줄 친 부분을 한자로 바르게 쓴 것을 고르시오. (   )

> 여러 종류의 과일을 두고 <u>대소</u>를 비교하여 보았습니다.

① 大中   ② 小人   ③ 大小   ④ 三年

3주차
방향

3주차에 배울 한자를 살펴보세요.

- **9일** 左 왼 좌 ·········· 56
- **10일** 右 오른 우 ·········· 60
- **11일** 上 위 상 ·········· 64
- **12일** 下 아래 하 ·········· 68

⭐ 3주차 7급 예상 문제 ·········· 72

9일 왼 좌

오늘 한자

뜻 왼 음 좌

왼쪽을 뜻하고
좌라고 읽어요.

형성 원리 [회의] 이전에 손을 뜻하는 한자였던 又(또 우)와 장인을 뜻하는 한자인 工(장인 공)이 결합한 글자로, 장인이 왼손에 공구를 쥔 모습을 본뜬 글자예요. '왼손'이나 '왼쪽'을 뜻해요.

일상 속 한자어
좌측(左側): 북쪽을 향하였을 때의 서쪽과 같은 쪽. 왼쪽.
좌회전(左回轉): 차 따위가 왼쪽으로 돎.
좌충우돌(左衝右突): 이리저리 마구 찌르고 부딪침.

✏️ '왼 좌'를 모두 찾아 ◯표 하세요.

足　北　左　左　手　年

또박또박 따라 쓰기

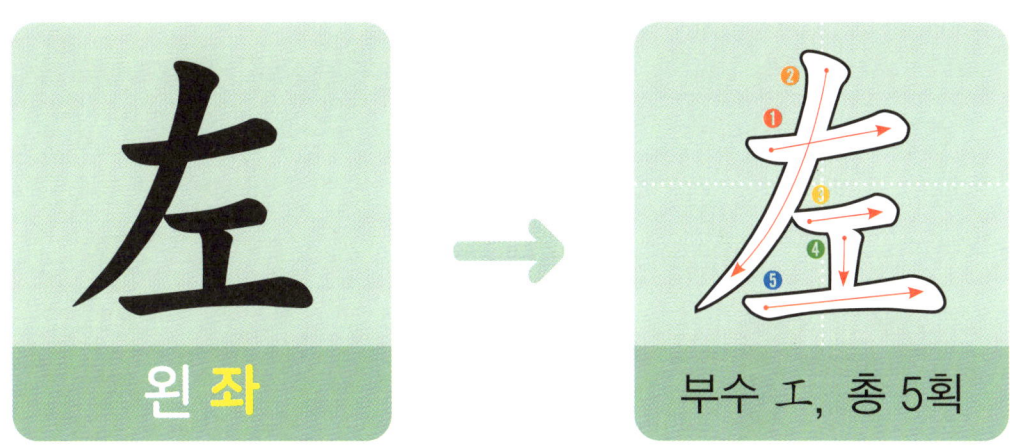

부수 工, 총 5획

◆ 쓰는 순서에 맞추어 한자를 바르게 쓰고 익혀 보세요.

쓰는 순서 左 左 左 左 左

左
왼 좌

실력쑥쑥 연습문제

[1-2] 그림에 알맞은 한자를 골라 그 번호를 쓰세요.

보기   ① 六   ② 左   ③ 十   ④ 小

1 ( )

2 ( )

[3-4] 다음 한자의 뜻과 음으로 알맞은 것을 골라 그 번호를 쓰세요.

보기   ① 아우 제   ② 왼 좌   ③ 불 화   ④ 해 년

3 年 ( )   4 左 ( )

5 밑줄 친 두 부분을 공통으로 뜻하는 한자를 골라 그 번호를 쓰세요.   ( )

- 이곳에서는 좌회전할 수 없습니다.
- 시곗바늘은 오른쪽에서 왼쪽으로 돕니다.

① 大   ② 父   ③ 左   ④ 中

재미있는 놀이 한자

◆ 왼쪽 한자와 어울리는 그림을 모두 찾아 선으로 연결해 보세요.

10일 오른 우

오늘 한자

뜻 오른 음 우

오른쪽을 뜻하고
우라고 읽어요.

형성 원리 [회의] 이전에 손을 뜻하는 한자였던 又(또 우)와 입을 뜻하는 한자인 口(입 구)가 결합한 글자로, 밥을 먹을 때 오른손으로 먹기 때문에 '오른손'이나 '오른쪽'을 뜻해요.

일상 속 한자어 우회전(右回轉): 차 따위가 오른쪽으로 돎.
우왕좌왕(右往左往): 이리저리 왔다 갔다 하며 일이나 나아 가는 방향을 종잡지 못함.

◆ '오른 우'를 모두 찾아 O표 하세요.

右　右　左　右　左　右

또박또박 따라 쓰기

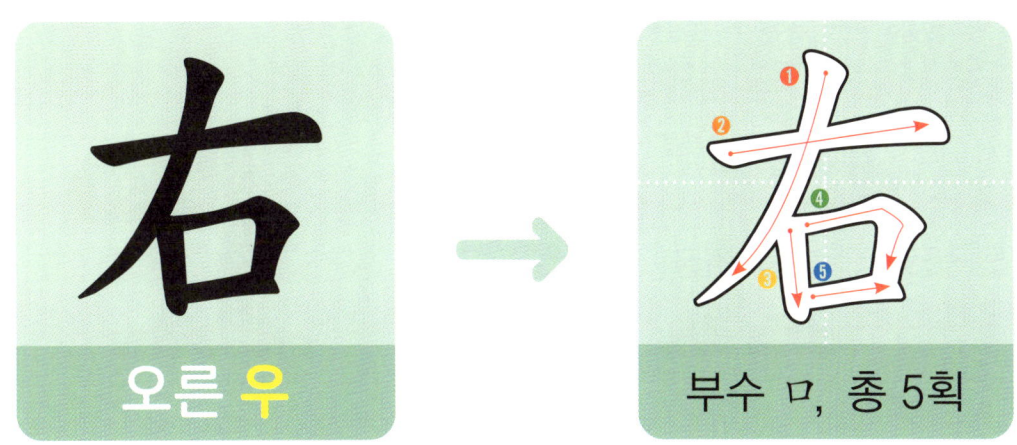

오른 우

부수 口, 총 5획

🔸 쓰는 순서에 맞추어 한자를 바르게 쓰고 익혀 보세요.

쓰는 순서 右 右 右 右 右

右
오른 우

실력쑥쑥 연습 문제

1 '左'와 반대되는 뜻의 한자를 써 보세요.

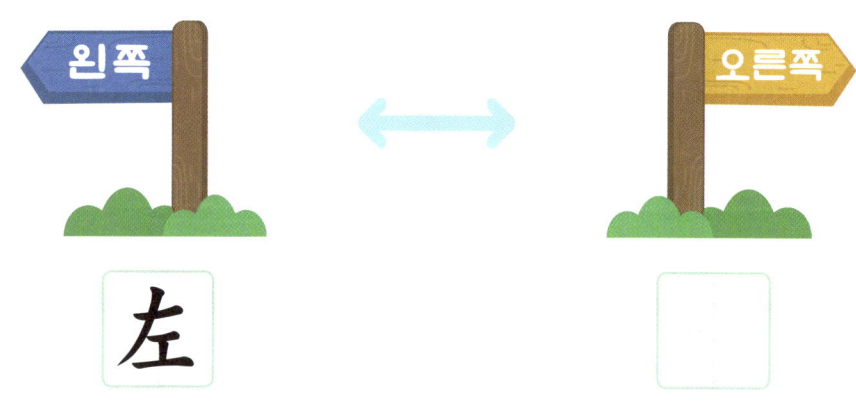

[2-3] 다음 한자어를 바르게 읽은 것을 골라 그 번호를 쓰세요.

보기   ① 형제   ② 우족   ③ 목수   ④ 대구

2 右足 (   )   **3** 木手 (   )

4 다음 문장의 밑줄 친 부분을 한자로 바르게 쓴 것을 골라 그 번호를 쓰세요. (   )

파도에 배가 <u>좌우</u>로 흔들립니다.

① 左手   ② 左右   ③ 大門   ④ 東西

재미있는 놀이 한자

◆ 미로를 통과해 나온 한자를 빈칸에 적어 한자어를 완성해 보세요.

: 왼쪽과 오른쪽

11일 위 상

오늘 한자

뜻 위 음 상

위를 뜻하고
상이라고 읽어요.

형성 원리 [지사] 손가락을 위로 올려 하늘을 가리키는 모습을 본뜬 글자로, '위' 나 '위쪽'을 뜻해요.

일상 속 한자어 세상(世上): 사람이 살고 있는 모든 사회를 통틀어 이르는 말.
조상(祖上): 자기 세대 이전의 모든 세대.
옥상(屋上): 지붕의 위.

◆ '위 상'을 모두 찾아 ○표 하세요.

上　土　土　上　三　上

또박또박 따라 쓰기

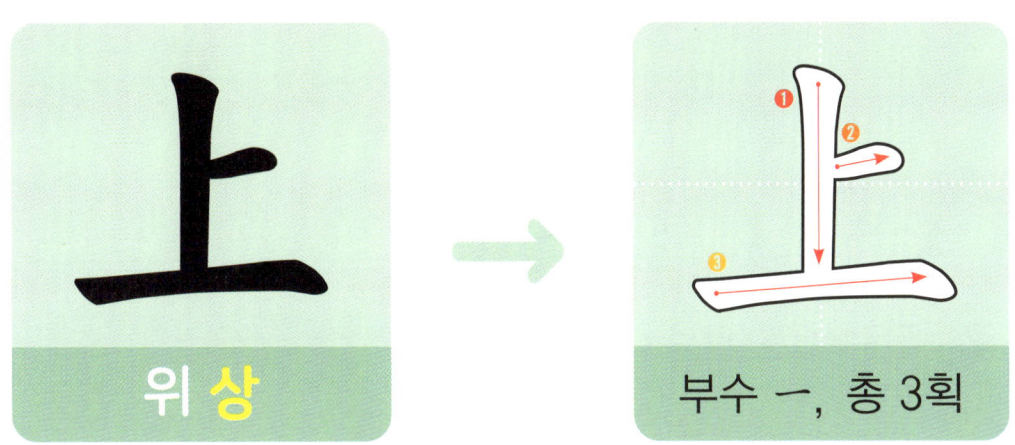

부수 一, 총 3획

◆ 쓰는 순서에 맞추어 한자를 바르게 쓰고 익혀 보세요.

쓰는 순서 上 上 上

上			
위 상			

3주차_방향

실력쑥쑥 연습 문제

[1-2] 그림과 어울리는 문장이 되도록 빈칸에 알맞은 한자를 써 보세요.

1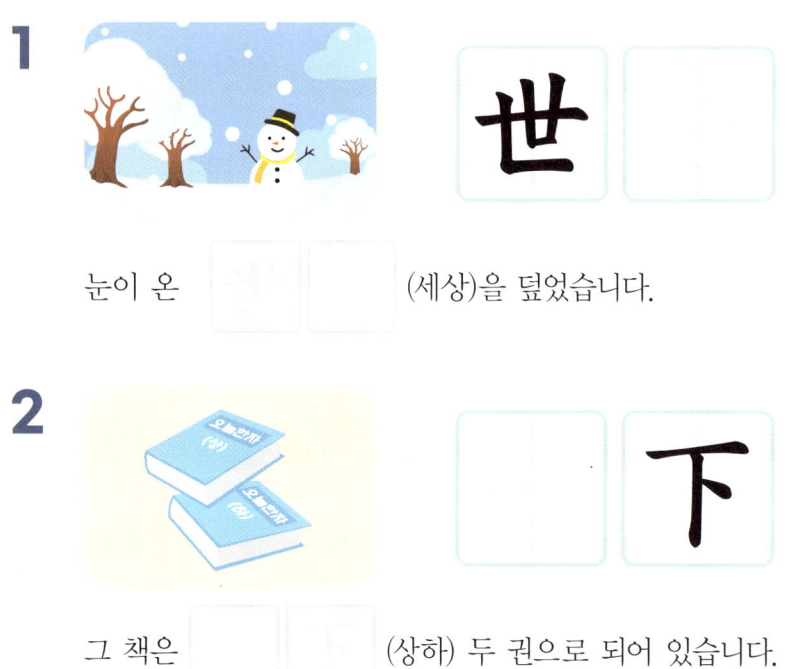

눈이 온 ☐ 世 (세상)을 덮었습니다.

2

그 책은 ☐ 下 (상하) 두 권으로 되어 있습니다.

[3-4] 다음 한자의 뜻과 음으로 알맞은 것을 골라 그 번호를 쓰세요.

보기   ① 맏 형   ② 위 상   ③ 발 족   ④ 손 수

3 足 (   )   4 上 (   )

[5-6] 다음 뜻과 음에 알맞은 한자를 쓰세요.

5 위 상 ☐   6 왼 좌 ☐

재미있는 놀이 한자

◆ '上'을 모두 찾아 색칠한 뒤 나타난 한자와 그 한자의 뜻과 음을 빈칸에 써 보세요.

四	右	北	兄	一	右	四
目	木	左	人	木	左	木
兄	左	木	上	北	木	右
一	右	北	上	上	弟	一
目	四	兄	上	北	目	兄
北	上	上	上	上	上	一
四	木	右	木	弟	四	目

뜻 _____   음 _____

12일 아래 하

오늘 한자

뜻 아래 **음** 하

아래를 뜻하고
하라고 읽어요.

형성 원리 [지사] 손가락을 아래로 내려 땅을 가리키는 모습을 본뜬 글자로, '아래'나 '아래쪽'을 뜻해요.

일상 속 한자어 영하(零下): 섭씨온도계에서, 눈금이 0도 이하의 온도.
지하(地下): 땅속이나 땅속을 파고 만든 구조물의 공간.
지하철(地下鐵): 지하 철도 위를 달리는 전동차.

✏️ '아래 하'를 모두 찾아 ○표 하세요.

子　下　男　下　上　大

또박또박 따라 쓰기

아래 하

부수 一, 총 3획

쓰는 순서에 맞추어 한자를 바르게 쓰고 익혀 보세요.

쓰는 순서 下 下 下

下	下	下	
아래 하			

실력쑥쑥 연습 문제

1 밑줄 친 두 부분을 공통으로 뜻하는 한자를 골라 그 번호를 쓰세요. (   )

- 나무 그늘 <u>아래</u>에서 책을 봅니다.
- 잃어버렸던 장난감을 책상 <u>밑</u>에서 찾았습니다.

① 上   ② 下   ③ 目   ④ 口

[2-3] 다음 문장을 읽고 물음에 알맞은 답을 골라 그 번호를 쓰세요.

두팔을 <u>上下</u> 좌우로 흔들며 신나게 걸어갑니다.

2 위의 밑줄 친 '上下'를 바르게 읽은 것은 무엇일까요? (   )

① 상중   ② 중문   ③ 좌우   ④ 상하

3 위의 밑줄 친 '좌우'를 한자로 바르게 쓴 것은 무엇일까요? (   )

① 左右   ② 大門   ③ 山下   ④ 左手

[4-5] 다음 한자의 뜻으로 알맞은 것에 O표 하세요.

4 下 (위   ,   아래   )

5 右 (왼쪽   ,   오른쪽   )

재미있는 놀이 한자

◆ 그림에서, 사물이 있는 위치와 어울리는 한자를 골라 빈칸에 써 보세요.

> 보기 上 下 左 右

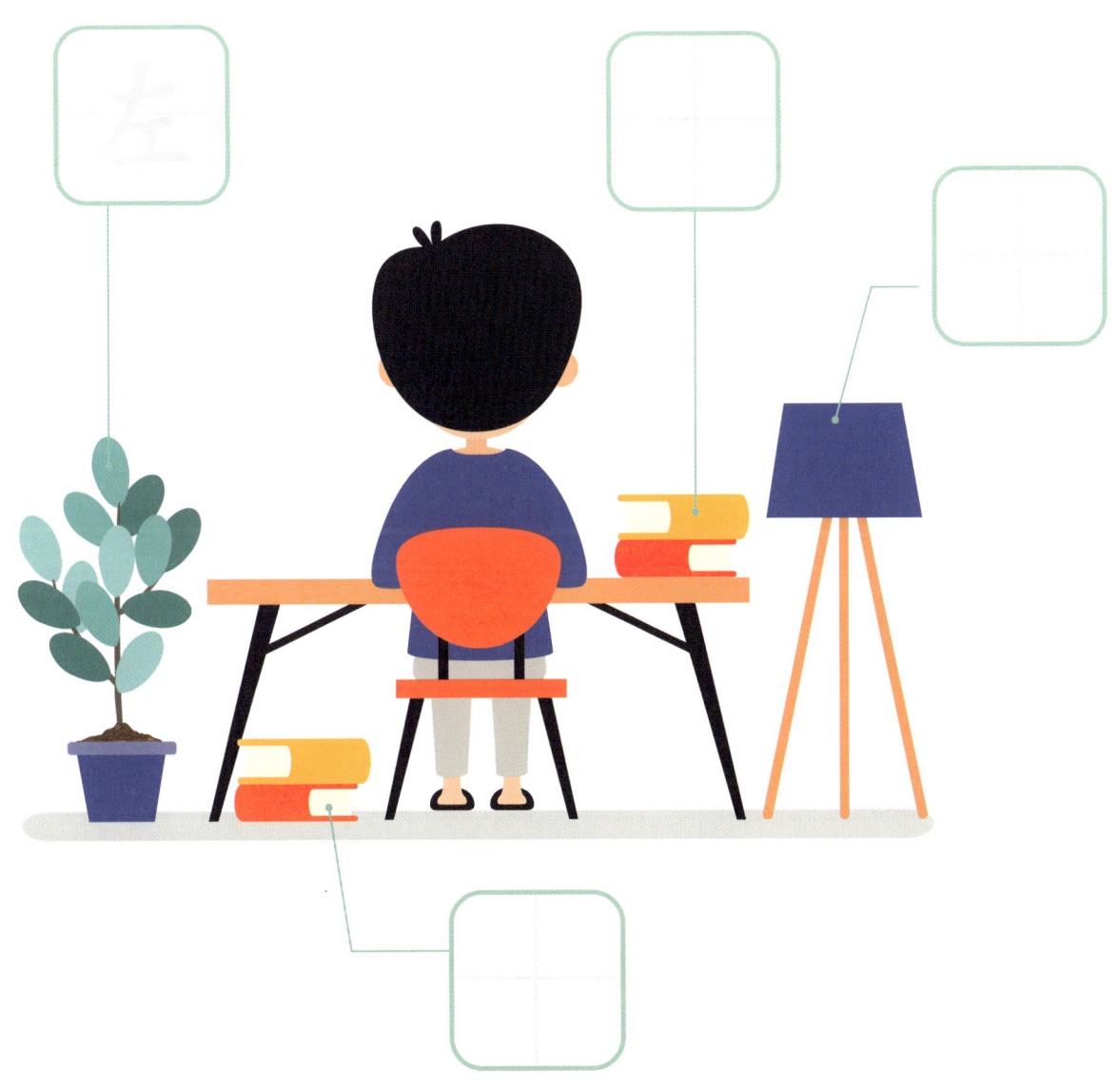

3주차 7급 예상 문제

1 그림에 알맞은 한자를 고르시오. (   )

① 左　　　② 右
③ 大　　　④ 小

[문제 2-3] 뜻과 음에 알맞은 한자를 고르시오.

> 보기　　① 上　　② 下　　③ 左　　④ 手

2 위 상 (   )　　　**3** 왼 좌 (   )

[문제 4-5] 밑줄 친 한자어를 바르게 읽은 것을 고르시오.

> 보기　　① 좌하　　② 좌우　　③ 북남　　④ 북상

4 <u>北上</u>하는 태풍에 대비해 재해 대책반이 신속하게 구성되었습니다. (   )

5 파도에 배가 <u>左右</u>로 흔들렸습니다. (   )

4주차
위치

4주차에 배울 한자를 살펴보세요.

- **13일** 出 날 출 ········· 74
- **14일** 入 들 입 ········· 78
- **15일** 內 안 내 ········· 82
- **16일** 外 바깥 외 ······· 86

⭐ 4주차 7급 예상 문제 ········· 90

오늘 한자

13일 날 출

뜻 날 음 출

나다를 뜻하고
출이라고 읽어요.

형성 원리 [상형] 입구에서 발이 나오는 모습, 또는 새싹이 차츰 위로 가지를 뻗으며 자라는 모습을 본뜬 글자로, '나다', '나가다', 또는 '태어나다'를 뜻해요.

일상 속 한자어
출발(出發): 목적지를 향하여 나아감.
수출(輸出): 국내의 상품이나 기술을 외국으로 팔아 내보냄.
출장(出張): 용무를 위하여 임시로 다른 곳으로 나감.

◆ '날 출'을 모두 찾아 ◯표 하세요.

山 出 出 山 山 出

또박또박 따라 쓰기

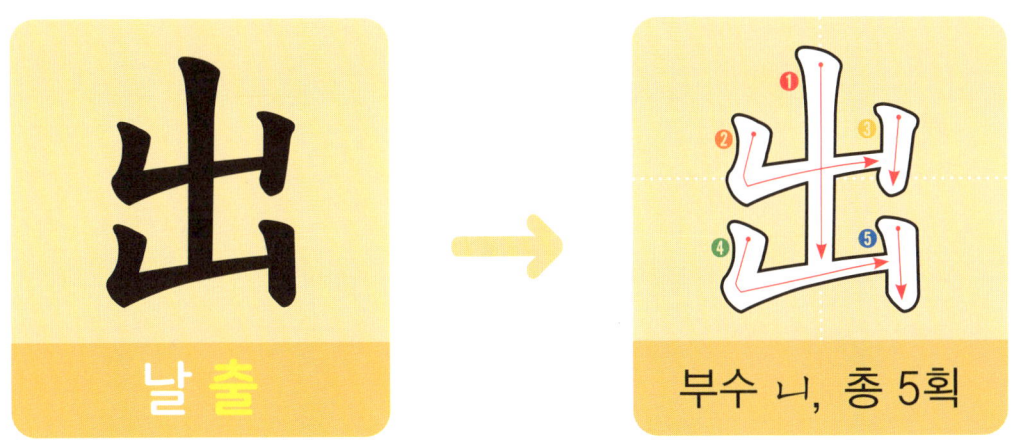

부수 凵, 총 5획

날 출

◆ 쓰는 순서에 맞추어 한자를 바르게 쓰고 익혀 보세요.

쓰는 순서 出 出 出 出 出

出			
날 출			

실력쑥쑥 연습 문제

[1-2] 다음 한자의 뜻과 음으로 알맞은 것을 골라 그 번호를 쓰세요.

> 보기   ① 위 상   ② 날 출   ③ 아래 하   ④ 해 년

1 下 (   )   **2** 出 (   )

[3-4] 한자와 뜻의 연결이 바르지 <u>않은</u> 것을 골라 그 번호를 쓰세요.

3 (   )

① 出 – 들어오다   ② 小 – 작다   ③ 二 – 둘   ④ 目 – 눈

4 (   )

① 母 – 어머니   ② 口 – 넷   ③ 手 – 손   ④ 上 – 위

[5-6] 다음 한자의 진하게 표시된 획은 몇 번째에 쓰는지 그 숫자를 쓰세요.

5
(   )

6
(   )

재미있는 놀이 한자

✏️ 그림과 어울리는 한자어가 되도록 알맞은 한자를 골라 빈칸에 써 보세요.

> 보기   月   日   土   口

일출: 해가 돋음. 해돋이.

월출: 달이 나옴. 달이 뜸.

출구: 나가는 곳.

출토: 땅속에 묻힌 것이 저절로 나오거나 파서 나옴.

오늘 한자

14일 들 입

 들 입

들다를 뜻하고
입이라고 읽어요.

형성 원리 [지사] 사람이 입구로 들어가는 모습을 본뜬 글자로, '들다'나 '들이다' 또는 '들어가다'를 뜻해요.

일상 속 한자어 출입(出入): 어느 곳을 드나듦.
입문(入門): 무엇을 배우는 길에 처음 들어섬. 또는 그 길.
입학(入學): 학생이 되어 공부하기 위해 학교에 들어감.

'들 입'을 모두 찾아 〇표 하세요.

또박또박 따라 쓰기

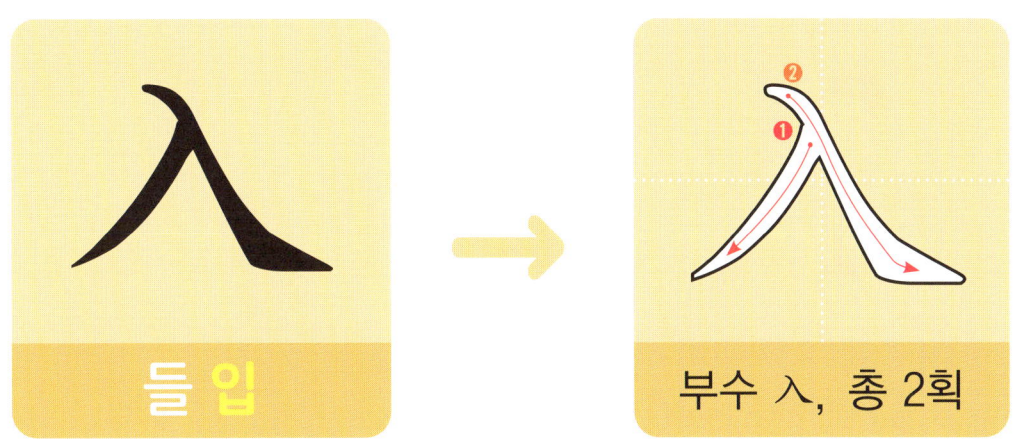

들 입

부수 入, 총 2획

✏️ 쓰는 순서에 맞추어 한자를 바르게 쓰고 익혀 보세요.

쓰는 순서	入 入		
入			
들 입			

실력쑥쑥 연습 문제

[1-2] 그림과 어울리는 문장이 되도록 빈칸에 알맞은 한자를 써 보세요.

1   門

나는 초등학교 때 마라톤 선수가 돼 육상에 (입문)했습니다.

2  出  口

우리는 내일 아침에 기차역 (출입구)에서 만나기로 했습니다.

[3-4] 다음 한자어를 바르게 읽은 것을 골라 그 번호를 쓰세요.

> 보기 ① 출석 ② 출입 ③ 출구 ④ 출토

3 出入 (　　　)　　**4** 出口 (　　　)

[5-6] 다음 한자의 뜻으로 알맞은 것에 ○표 하세요.

5 出 (　나다　,　들다　)

6 上 (　위　,　아래　)

재미있는 놀이 한자

◆ 같은 숫자끼리 같은 색으로 색칠한 다음, 어떤 한자가 숨어 있는지 찾아보세요.
찾은 한자와 그 한자의 뜻과 음을 아래 빈칸에 써 보세요.

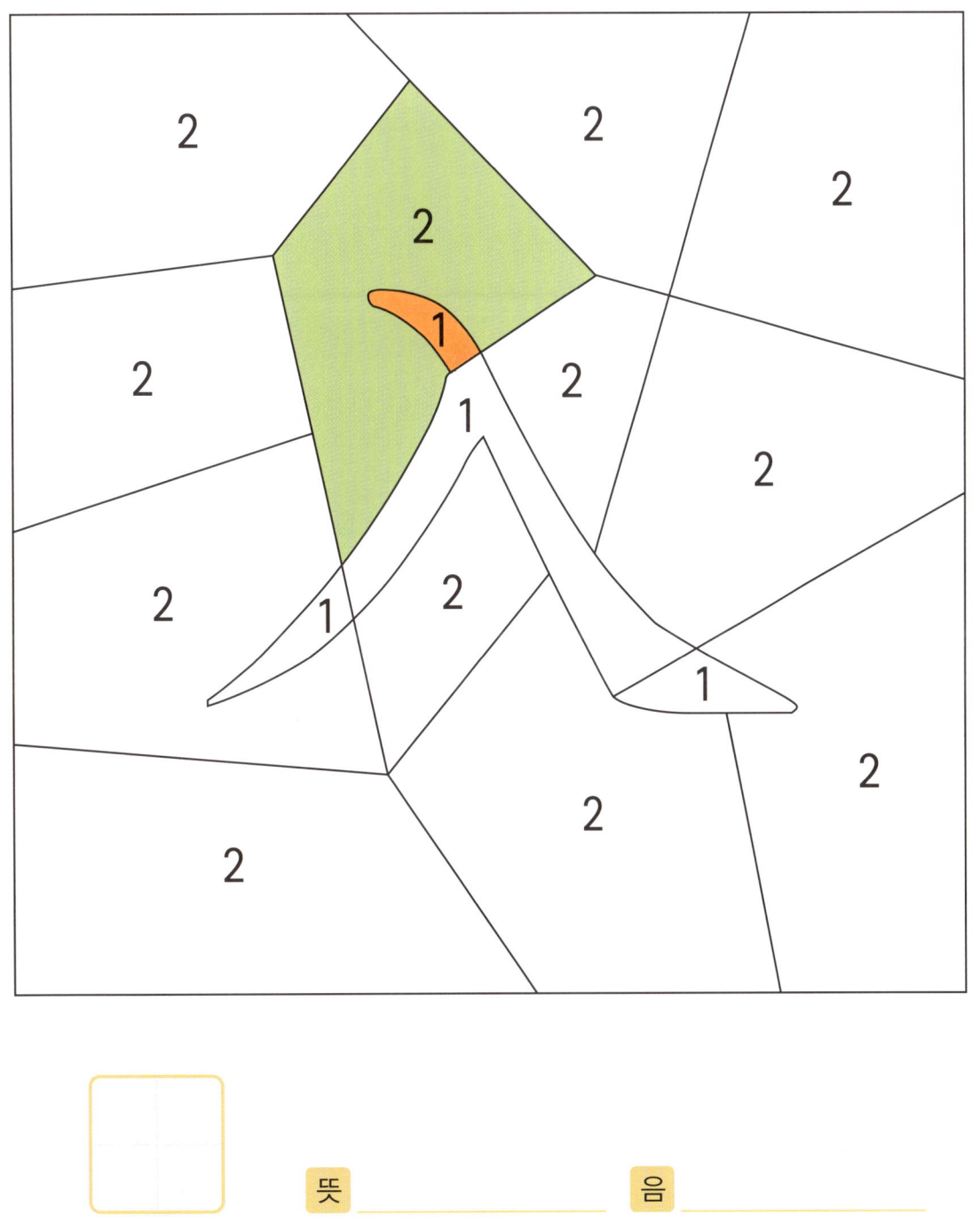

뜻 _____ 음 _____

15일 안 내

오늘 한자

뜻 안 음 내

안을 뜻하고
내라고 읽어요.

형성 원리 [회의] 집이나 실내로 들어가는 모습 또는 건물 안에 사람이 들어 있는 모습을 본뜬 글자로, '안'이나 '속'을 뜻해요.

일상 속 한자어 내수(內水): 둑 안이나 늪 따위에 고인 물.
국내(國內): 나라의 안.
실내(室內): 방이나 건물 따위의 안.

◆ '안 내'를 모두 찾아 ○표 하세요.

內　四　內　中　內　中

또박또박 따라 쓰기

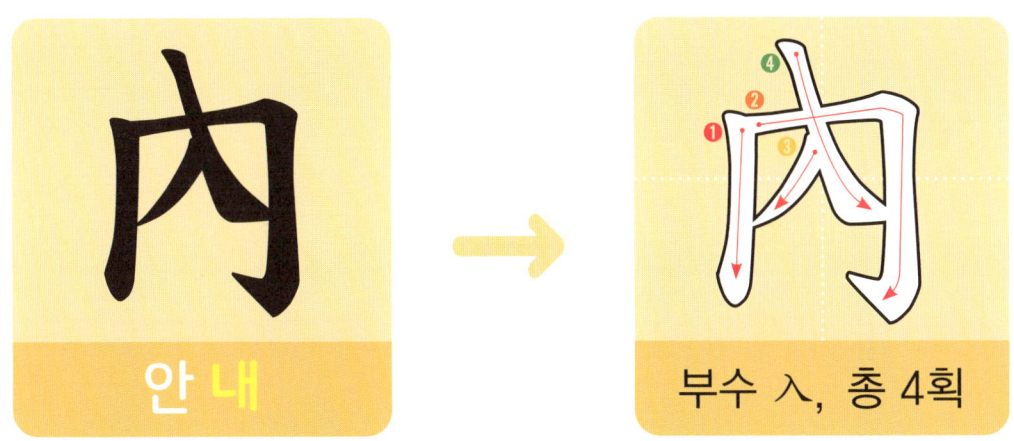

안 내

부수 入, 총 4획

✏️ 쓰는 순서에 맞추어 한자를 바르게 쓰고 익혀 보세요.

쓰는 순서 內 內 內 內

內	內	內	
안 내			

실력쑥쑥 연습 문제

[1-2] 그림에 알맞은 한자를 골라 그 번호를 쓰세요.

보기   ① 十   ② 內   ③ 中   ④ 父

1 (   )

2 (   )

3 다음 한자의 뜻과 음으로 알맞은 것을 골라 선으로 이어 보세요.

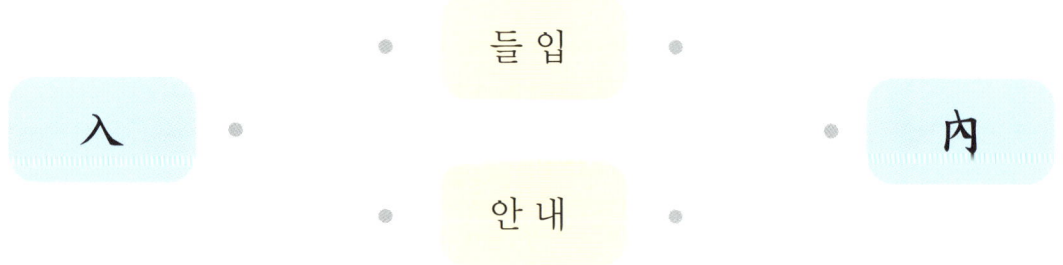

入 ・   ・ 들 입 ・   ・ 內
    ・   ・ 안 내 ・

4 다음 문장의 밑줄 친 부분을 바르게 읽은 것을 골라 그 번호를 쓰세요. (   )

둑 안이나 늪 따위에 고인 물을 <u>內水</u>라고 합니다.

① 내목   ② 내수   ③ 외수   ④ 외목

재미있는 놀이 한자

◆ 가려진 곳에 알맞은 부분을 찾아 선으로 연결하여 '內(안 내)'를 완성해 보세요.

오늘 한자

16일 바깥 외

 바깥 외

바깥을 뜻하고
외라고 읽어요.

형성 원리 [회의·형성] 점을 뜻하는 한자인 卜(점 복)과 저녁을 뜻하는 한자인 夕(저녁 석)이 결합한 글자예요. 점은 원래 아침에 주로 치므로 저녁에 점을 치는 것은 관례에 어긋난다고 하여, '밖'이나 '바깥'을 뜻해요

일상 속 한자어
외출(外出): 집이나 근무지 따위에서 벗어나 잠시 밖으로 나감.
내외(內外): 안과 밖을 아울러 이르는 말. 또는 남편과 아내.
외국(外國): 자기 나라가 아닌 다른 나라.

🔖 '바깥 외'를 모두 찾아 ⭕표 하세요.

左　外　門　外　外　北

또박또박 따라 쓰기

부수 夕, 총 5획

바깥 외

◆ 쓰는 순서에 맞추어 한자를 바르게 쓰고 익혀 보세요.

쓰는 순서 外 外 外 外 外

外	外	外	
바깥 외			

실력쑥쑥 연습 문제

[1-2] 그림에 알맞은 한자를 골라 그 번호를 쓰세요.

보기   ① 右   ② 內   ③ 外   ④ 大

1 (   )

2 (   )

[3-4] 다음 문장의 밑줄 친 한자어를 바르게 읽은 것을 골라 그 번호를 쓰세요.

보기   ① 외출   ② 출입   ③ 연내   ④ 연중

3 민서는 새 옷을 빼입고 <u>外出</u>을 했습니다. (   )

4 도로의 포장 공사는 <u>年內</u>에 마무리될 것으로 보입니다. (   )

5 다음 문장의 밑줄 친 부분을 한자로 바르게 쓴 것을 골라 그 번호를 쓰세요. (   )

경기장 <u>내외</u>에 팬들의 응원 소리가 울려 퍼졌습니다.

① 中外   ② 人手   ③ 外人   ④ 內外

재미있는 놀이 한자

🔸 유리병 안과 밖의 사탕 개수를 세어 보고 그 수를 써 보세요.

| 內 (개) _____ | 外 (개) _____ |

족집게 예상 문제

⭐ 4주차 7급 예상 문제

[문제 1-2] 한자의 뜻과 음으로 바른 것을 고르시오.

> 보기   ① 사람 인   ② 안 내   ③ 들 입   ④ 해 년

1 內 (   )   **2** 入 (   )

[문제 3-4] 뜻과 음에 알맞은 한자를 고르시오.

> 보기   ① 外   ② 入   ③ 出   ④ 西

3 바깥 외 (   )   **4** 날 출 (   )

[문제 5-6] 밑줄 친 한자어를 바르게 읽은 것을 고르시오.

> 보기   ① 내외   ② 출입   ③ 출토   ④ 외출

5 발굴 팀은 왕릉에서 도자기를 <u>出土</u>했습니다. (   )

6 <u>內外</u>지간인 아버지와 어머니는 늘 사이가 좋으십니다. (   )

5주차

자연, 색깔

5주차에 배울 한자를 살펴보세요.

- **17일** 江 강 강 ········· 92
- **18일** 山 메(뫼) 산 ········· 96
- **19일** 靑 푸를 청 ········· 100
- **20일** 白 흰 백 ········· 104

⭐ 5주차 7급 예상 문제 ········· 108

17일 강 강

오늘 한자

 강 강

강을 뜻하고
강이라고 읽어요.

형성 원리 [형성] 큰 물줄기가 흘러서 큰 강을 이룬 모습을 그린 글자로, '강'을 뜻해요.

일상 속 한자어
한강(漢江): 우리나라 서울을 중심으로 중부를 흐르는 강.
강남(江南): 한강 이남 지역을 아울러 이르는 말.
강수(江水): 강에 흐르는 물.

✏️ '강 강'을 모두 찾아 ○표 하세요.

江　左　江　右　江　江

또박또박 따라 쓰기

강 강

부수 氵, 총 6획

◆ 쓰는 순서에 맞추어 한자를 바르게 쓰고 익혀 보세요.

쓰는 순서 江 江 江 江 江 江

江			
강 강			

실력쑥쑥 연습 문제

[1-2] 다음 문장의 괄호 안에 쓰인 한자의 음을 써 보세요.

1 우리 식구는 모두 한(江) 시민 공원에서 열리는 어린이날 행사에 참석했습니다.

(   )

2 국(內)에서 처음으로 만화 영화가 제작되었습니다.

(   )

[3-4] 다음 한자어의 뜻으로 알맞은 것을 골라 그 번호를 쓰세요.

3 江西 (   )

① 강의 남쪽　② 강의 동쪽　③ 강의 서쪽　④ 강의 북쪽

4 江水 (   )

① 강에 흐르는 물　② 강변　③ 강의 위　④ 강 가운데

5 다음 문장의 밑줄 친 부분을 한자로 바르게 쓴 것을 골라 그 번호를 쓰세요. (   )

여기서 조금만 걸어가면 <u>동강</u>입니다.

① 東西　② 東江　③ 江東　④ 南江

재미있는 놀이 한자

✏️ 왼쪽 한자와 어울리는 그림을 골라 ○표 하세요.

오늘 한자

18일 메(뫼) 산

山

 메(뫼)　 산

메(산)를 뜻하고
산이라고 읽어요.

> 메는 산을 예스럽게 이르는 말이고, 뫼는 산의 방언이에요. 흔히 쓰는 멧돼지, 메아리 등의 단어에서 앞의 메가 바로 산을 뜻하는 이 메입니다.

형성 원리 [상형] 산의 봉우리가 뾰족하게 이어지는 모습, 또는 산봉우리 세 개가 우뚝 솟은 모습을 본뜬 글자로, '산'을 뜻해요.

일상 속 한자어
입산(入山): 산속에 들어감.
화산(火山): 땅속 깊은 곳에서 생성된 마그마나 가스가 땅 위로 분출되는 현상, 또는 그렇게 하여 만들어진 산.

◆ '메(뫼) 산'을 모두 찾아 ○표 하세요.

山　出　出　山　山　出

또박또박 따라 쓰기

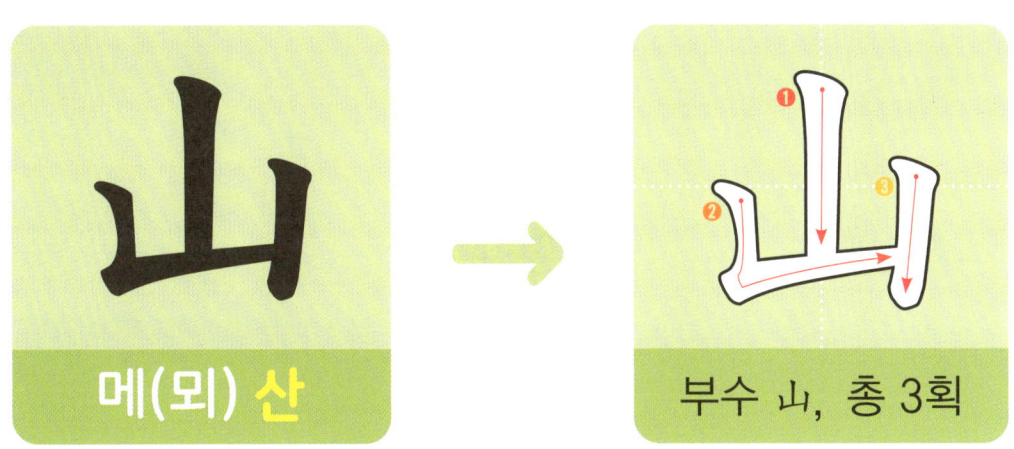

메(뫼) 산 → 부수 山, 총 3획

◆ 쓰는 순서에 맞추어 한자를 바르게 쓰고 익혀 보세요.

쓰는 순서 山 山 山

山			
메(뫼) 산			

실력쑥쑥 연습 문제

[1-2] 그림과 어울리는 문장이 되도록 빈칸에 알맞은 한자를 써 보세요.

1

 (화산)에서 용암이 솟구쳐 올랐습니다.

2

이 산은  (입산)이 금지되어 있습니다.

[3-4] 한자와 뜻의 연결이 바르지 <u>않은</u> 것을 골라 그 번호를 쓰세요.

3 (　　　)

① 大 - 크다　　② 火 - 불　　③ 山 - 산　　④ 目 - 해

4 (　　　)

① 北 - 북쪽　　② 下 - 위　　③ 江 - 강　　④ 口 - 입

재미있는 놀이 한자

그림에 어울리는 한자를 골라 빈칸에 써 보세요.

보기   日   山   木   江

19일 푸를 청

오늘 한자

뜻 푸를   음 청

푸르다를 뜻하고
청이라고 읽어요.

형성 원리 [회의] 싹이 자라는 모습을 뜻하는 한자인 生(날 생)과 우물을 뜻하는 한자인 井(우물 정)이 결합한 글자로, 우물과 풀처럼 맑고 푸르다는 의미에서 '푸르다'나 '젊다'를 뜻해요.

일상 속 한자어 청소년(靑少年): 청년과 소년을 아울러 이르는 말.
청포도(靑葡萄): 다 익어도 빛깔이 푸르스름한 포도 종류를 통틀어 이르는 말. 맛이 달고 껍질이 얇음.

✏️ '푸를 청'을 모두 찾아 ○표 하세요.

東   靑   靑   東   東   靑

또박또박 따라 쓰기

부수 靑, 총 8획

◆ 쓰는 순서에 맞추어 한자를 바르게 쓰고 익혀 보세요.

쓰는 순서 靑 靑 靑 靑 靑 靑 靑 靑

靑 푸를 청			

실력쑥쑥 연습 문제

[1-2] 그림에 알맞은 한자를 골라 그 번호를 쓰세요.

> 보기   ① 足   ② 靑   ③ 山   ④ 中

1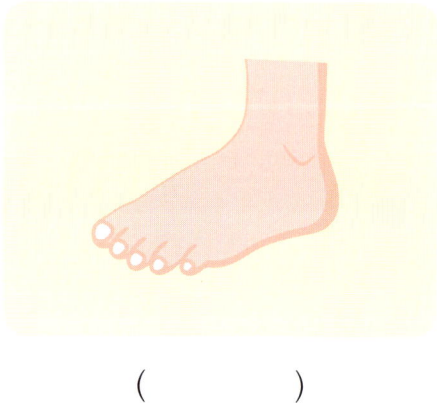
(   )

2
(   )

3 밑줄 친 세 부분을 공통으로 뜻하는 한자를 골라 그 번호를 쓰세요. (   )

- <u>푸른</u> 바다 위에 배가 떠 있습니다.
- 심판은 <u>청</u>색 깃발을 들어 <u>청</u>군의 승리를 알렸습니다.

① 上   ② 五   ③ 靑   ④ 金

[4-5] 다음 한자의 뜻으로 알맞은 것에 O표 하세요.

4 靑 (푸르다   ,   빨갛다   )

5 山 (산   ,   강   )

재미있는 놀이 한자

◆ 색칠된 동그라미 속 한자와 같은 한자가 들어 있는 동그라미를 모두 찾아 색칠해 보세요.

20일 흰 백

오늘 한자

뜻 흰 음 백

희다를 뜻하고
백이라고 읽어요.

형성 원리 [상형] 촛불 위쪽의 심지가 밝게 빛나는 모습, 또는 태양의 밝은 빛이 위를 향하여 비추는 모습을 본뜬 글자로, '희다'나 '밝다', '깨끗하다'를 뜻해요. '말하다', '아뢰다'라는 뜻도 가지고 있어요.

일상 속 한자어 백색(白色): 눈이나 우유의 빛깔과 같이 밝고 선명한 색.
고백(告白): 마음속에 생각하고 있는 것이나 감추어 둔 것을 사실대로 숨김없이 말함.

✏️ '흰 백'을 모두 찾아 ○표 하세요.

日　白　目　白　白　目

또박또박 따라 쓰기

흰 백

부수 白, 총 5획

쓰는 순서에 맞추어 한자를 바르게 쓰고 익혀 보세요.

쓰는 순서 白 白 白 白 白

흰 백

실력쑥쑥 연습 문제

[1-2] 다음 한자의 뜻과 음으로 알맞은 것을 골라 그 번호를 쓰세요.

> 보기   ① 푸를 청   ② 안 내   ③ 흰 백   ④ 메(뫼) 산

1 白 (   )   **2** 内 (   )

[3-4] 다음 한자어의 뜻으로 알맞은 것을 골라 그 번호를 쓰세요.

3 白人 (   )

① 백 명의 사람   ② 백색 인종에 속하는 사람   ③ 산의 위   ④ 사람의 눈

4 白土 (   )

① 빛깔이 희고 부드러우며 고운 흙   ② 산 아래   ③ 한낮   ④ 진흙

5 다음 문장의 밑줄 친 부분을 한자로 바르게 쓴 것을 골라 그 번호를 쓰세요. (   )

> 백금으로 만든 팔찌가 반짝거렸습니다.

① 白一   ② 白水   ③ 白金   ④ 白日

재미있는 놀이 한자

뜻과 음에 알맞은 한자를 찾아 길을 따라가 보세요.

족집게 예상 문제

⭐ 5주차 7급 예상 문제

[문제 1-2] 그림에 알맞은 한자를 고르시오.

| 보기 | ① 白 | ② 水 | ③ 火 | ④ 山 |

1 ( )   **2** ( )

[문제 3-4] 밑줄 친 한자어를 바르게 읽은 것을 고르시오.

| 보기 | ① 청산 | ② 청백 | ③ 강남 | ④ 강서 |

3 운동회에서는 <u>靑白</u> 두 팀으로 나뉘어 대결합니다. ( )

4 지난 주말에 <u>江西</u>구에 사시는 할머니 댁에 다녀왔습니다. ( )

5 밑줄 친 부분을 한자로 바르게 쓴 것을 고르시오. ( )

보물을 찾기 위해 팔도<u>강산</u> 방방곡곡을 찾아다녔습니다.

① 江水   ② 日出   ③ 山中   ④ 江山

7급
정답 및 부록

대한검정회 한자급수자격검정시험 대비

한자 어휘 ·················· 110

확인 학습 ·················· 112

모의시험 ·················· 118

정답 ·················· 122

OMR 답안지 ·················· 127

한자 카드 ·················· 133

뜻이 반대되는 한자

뜻이 서로 반대되거나 상대적인 뜻을 갖는 한자 (8~7급 한자)

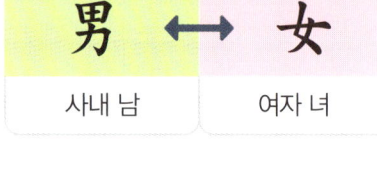

두음 법칙을 적용받는 한자

두음 법칙: 한자의 음에서 단어의 첫소리에 'ㄴ'이나 'ㄹ'이 올 때 그 음이 'ㅇ'이나 'ㄴ'으로 바뀌는 현상.

7급 한자 확인 학습 ①

7급 신규 한자 20자

◆ 한자에 알맞은 뜻과 음을 빈칸에 써 보면서 7급 신규 한자 공부를 마무리해 보세요.

年	大	中	小	目
해 년				

口	手	足	左	右

上	下	出	入	內

外	江	山	靑	白

8급 포함 한자 30자

한자에 알맞은 뜻과 음을 빈칸에 써 보면서 8급 포함 한자 공부를 마무리해 보세요.

一	二	三	四	五
한 일				

六	七	八	九	十

月	火	水	木	金

土	日	女	男	人

7급 한자 확인 학습 ①

子	父	母	兄	弟

東	西	南	北	門

7급 한자 확인 학습 ②

7급 신규 한자 20자

뜻과 음에 알맞은 한자를 빈칸에 써 보면서 7급 신규 한자 공부를 마무리해 보세요.

年				
해 년	큰 대	가운데 중	작을 소	눈 목

입 구	손 수	발 족	왼 좌	오른 우

위 상	아래 하	날 출	들 입	안 내

바깥 외	강 강	메(뫼) 산	푸를 청	흰 백

7급 한자 확인 학습 ②

8급 포함 한자 30자

뜻과 음에 알맞은 한자를 빈칸에 써 보면서 8급 포함 한자 공부를 마무리해 보세요.

一				
한 일	두 이	석 삼	넉 사	다섯 오

여섯 륙	일곱 칠	여덟 팔	아홉 구	열 십

달 월	불 화	물 수	나무 목	쇠 금

흙 토	날 일	여자 녀	사내 남	사람 인

아들 자	아버지 부	어머니 모	맏 형	아우 제

동녘 동	서녘 서	남녘 남	북녘 북	문 문

한자급수자격검정시험 대비
모의 한자급수자격검정시험

대한검정회 한자급수자격검정시험 대비

7급

※ 뒤쪽에 OMR 답안지를 수록하였습니다.
실제 시험과 같은 환경에서 답안지 작성법을 연습할 수 있도록
오려서 사용해 보세요.

* 모의 한자급수자격검정시험 유의 사항

- 모의 한자급수자격검정시험은 [오늘한자 7급] 과정 학습이 모두 끝난 후 풀어 보세요.
- 7급 한자급수자격검정시험의 문항 수는 25문제이며, 배정 시간은 40분입니다.
- 답안지를 작성할 때는 실제 시험에서와 같이 검은색 볼펜을 사용하세요.
  (연필 및 굵은 사인펜 제외)
- 1문항당 4점이고 70점 이상이면 합격이므로, 25문항 중 18문항 이상 맞히면 됩니다.
- 실제 시험에서와 같이 배정 시간 40분을 정확히 지키세요.

1회 대한민국한자급수자격검정시험문제

7급　　　　　　　　수험번호:　　　　　　성명:

■ 다음 물음에 맞는 답의 번호를 골라 답안지의 해당 답란에 표시하시오.

※ 그림에 알맞은 한자를 고르시오.

1. (　　)　①白　②目　③口　④中

※ 한자의 뜻과 음으로 바른 것을 고르시오.

2. 金 (　　) ① 쇠 금 ② 다섯 오 ③ 날 일 ④ 큰 대
3. 入 (　　) ① 아홉 구 ② 사람 인 ③ 들 입 ④ 두 이
4. 年 (　　) ① 푸를 청 ② 해 년 ③ 서녘 서 ④ 위 상
5. 門 (　　) ① 눈 목 ② 아들 자 ③ 문 문 ④ 왼 좌
6. 足 (　　) ① 강 강 ② 발 족 ③ 손 수 ④ 아래 하
7. 下 (　　) ① 바깥 외 ② 물 수 ③ 날 출 ④ 아래 하
8. 小 (　　) ① 작을 소 ② 입 구 ③ 다섯 오 ④ 한 일

※ 뜻과 음에 알맞은 한자를 고르시오.

9. 동녘 동 (　　) ①兄 ②右 ③上 ④東
10. 안 내 (　　) ①內 ②六 ③出 ④大
11. 넉 사 (　　) ①山 ②四 ③一 ④日
12. 푸를 청 (　　) ①北 ②口 ③青 ④年
13. 나무 목 (　　) ①木 ②入 ③左 ④足
14. 강 강 (　　) ①水 ②七 ③小 ④江
15. 석 삼 (　　) ①五 ②三 ③母 ④白
16. 큰 대 (　　) ①中 ②八 ③人 ④大
17. 아우 제 (　　) ①弟 ②男 ③二 ④子
18. 불 화 (　　) ①土 ②火 ③手 ④山

※ 어휘를 바르게 읽은 것을 고르시오.

19. 木外 (　　) ①목수 ②내외 ③대외 ④목외
20. 手足 (　　) ①수족 ②산청 ③산수 ④대소

※ 어휘의 뜻으로 알맞은 것을 고르시오.

21. 中門 (　　)
　①학교의 문.
　②새로운 소식.
　③가운데뜰로 들어가는 대문.
　④무엇을 배우는 길에 처음 들어섬.

22. 白人 (　　)
　①백색 인종에 속하는 사람.
　②학교에 다니면서 공부하는 사람.
　③털과 피부의 빛깔이 검은 사람.
　④어질고 사리에 밝은 사람.

※ 밑줄 친 어휘를 바르게 읽은 것을 고르시오.

23. 승무원이 비행기의 <u>出口</u>를 안내하고 있다. (　　)
　①입구　②출구　③출하　④외출

24. 인간의 신체는 <u>左右</u> 대칭을 이룬다. (　　)
　①여자　②부모　③좌우　④우좌

※ 밑줄 친 부분을 한자로 바르게 쓴 것을 고르시오.

강으로 25)<u>하수</u>가 그대로 흘러들어 오염이 심각하다.

25. 하수　　　　　　　　　　(　　)
　①火山　②水下　③月下　④下水

♣ 수고하셨습니다.

2회 대한민국한자급수자격검정시험문제

7급 수험번호: 성명:

■ 다음 물음에 맞는 답의 번호를 골라 답안지의 해당 답란에 표시하시오.

※ 그림에 알맞은 한자를 고르시오.

1. (　　)
   ① 上　② 下
   ③ 中　④ 大

※ 한자의 뜻과 음으로 바른 것을 고르시오.

2. 青 (　　)　① 작을 소　② 푸를 청
　　　　　　③ 해 년　　④ 큰 대

3. 出 (　　)　① 아홉 구　② 눈 목
　　　　　　③ 날 출　　④ 아들 자

4. 白 (　　)　① 달 월　　② 흰 백
　　　　　　③ 여자 녀　④ 남녘 남

5. 左 (　　)　① 왼 좌　　② 아우 제
　　　　　　③ 안 내　　④ 들 입

6. 右 (　　)　① 사내 남　② 오른 우
　　　　　　③ 동녘 동　④ 위 상

7. 水 (　　)　① 물 수　　② 발 족
　　　　　　③ 한 일　　④ 나무 목

8. 十 (　　)　① 큰 대　　② 두 이
　　　　　　③ 열 십　　④ 북녘 북

※ 뜻과 음에 알맞은 한자를 고르시오.

9. 흰 백 (　　)　① 白　② 母　③ 日　④ 父
10. 바깥 외 (　　)　① 口　② 出　③ 外　④ 入
11. 사람 인 (　　)　① 八　② 中　③ 人　④ 兄
12. 문 문 (　　)　① 上　② 年　③ 青　④ 門
13. 서녘 서 (　　)　① 東　② 西　③ 南　④ 子
14. 눈 목 (　　)　① 目　② 九　③ 下　④ 木
15. 흙 토 (　　)　① 十　② 土　③ 月　④ 出
16. 안 내 (　　)　① 左　② 水　③ 小　④ 內
17. 사내 남 (　　)　① 男　② 山　③ 白　④ 大
18. 다섯 오 (　　)　① 右　② 足　③ 五　④ 四

※ 어휘를 바르게 읽은 것을 고르시오.

19. 日下 (　　)　① 월하　② 소하　③ 대하　④ 일하
20. 七人 (　　)　① 칠인　② 육인　③ 일인　④ 삼인

※ 어휘의 뜻으로 알맞은 것을 고르시오.

21. 大小 (　　)
　① 강하고 약함.
　② 가운데.
　③ 크고 작음.
　④ 큰 웃음.

22. 手下 (　　)
　① 나이나 항렬 따위가 자기보다 아래이거나 낮은 관계.
　② 손의 안.
　③ 손의 밖.
　④ 밖으로 나감.

※ 밑줄 친 어휘를 바르게 읽은 것을 고르시오.

23. 썩은 이를 <u>白金</u>으로 때웠다. (　　)
　① 중금　② 백금　③ 입금　④ 금토

24. 그는 <u>四足</u>을 들고 반가워했다. (　　)
　① 사족　② 수족　③ 우족　④ 사수

※ 밑줄 친 부분을 한자로 바르게 쓴 것을 고르시오.

우리나라는 아름다운 25)<u>강산</u>이 많다.

25. 강산 (　　)
　① 江水　② 江山　③ 青山　④ 下山

♣ 수고하셨습니다.

3회 대한민국한자급수자격검정시험문제

7급　　　　　수험번호:　　　　　성명:

■ 다음 물음에 맞는 답의 번호를 골라 답안지의 해당 답란에 표시하시오.

※ 그림에 알맞은 한자를 고르시오.

1. (　　)　①左　②出　③右　④手

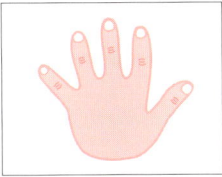

※ 한자의 뜻과 음으로 바른 것을 고르시오.

2. 目 (　　) ① 눈 목　② 나무 목　③ 문 문　④ 다섯 오
3. 上 (　　) ① 아래 하　② 두 이　③ 흙 토　④ 위 상
4. 足 (　　) ① 오른 우　② 발 족　③ 손 수　④ 왼 좌
5. 大 (　　) ① 해 년　② 아우 제　③ 큰 대　④ 날 출
6. 月 (　　) ① 달 월　② 푸를 청　③ 흰 백　④ 입 구
7. 子 (　　) ① 바깥 외　② 아들 자　③ 물 수　④ 들 입
8. 火 (　　) ① 불 화　② 여섯 륙　③ 일곱 칠　④ 안 내

※ 뜻과 음에 알맞은 한자를 고르시오.

9. 북녘 북 (　　) ①東 ②西 ③南 ④北
10. 강 강 (　　) ①水 ②江 ③日 ④青
11. 메(뫼) 산 (　　) ①木 ②中 ③山 ④目
12. 작을 소 (　　) ①小 ②十 ③母 ④手
13. 입 구 (　　) ①門 ②口 ③人 ④上
14. 한 일 (　　) ①一 ②二 ③四 ④三
15. 아래 하 (　　) ①土 ②下 ③外 ④口
16. 사람 인 (　　) ①人 ②年 ③五 ④入
17. 푸를 청 (　　) ①山 ②日 ③金 ④青
18. 들 입 (　　) ①人 ②八 ③入 ④九

※ 어휘를 바르게 읽은 것을 고르시오.

19. 男女 (　　) ① 남자 ② 차남 ③ 장남 ④ 남녀
20. 兄弟 (　　) ① 형제 ② 제자 ③ 부모 ④ 모녀

※ 어휘의 뜻으로 알맞은 것을 고르시오.

21. 中木 (　　)
① 사람의 눈.
② 눈의 안.
③ 품질이 중간 등급쯤 되는 무명.
④ 어린 나무.

22. 大金 (　　)
① 넓고 큰 땅.
② 미리 준비함.
③ 이야기를 주고받음.
④ 많은 돈.

※ 밑줄 친 어휘를 바르게 읽은 것을 고르시오.

23. 쌀을 씻은 물을 <u>白水</u>라고 한다. (　　)
① 백수　② 백미　③ 산수　④ 공백

24. 편지를 100자 <u>內外</u>로 적었다. (　　)
① 내의　② 외내　③ 내외　④ 외출

※ 밑줄 친 부분을 한자로 바르게 쓴 것을 고르시오.

고향을 떠난 지 25)<u>팔 년</u>이 지났다.

25. 팔 년 (　　)
①七年　②八年　③六年　④九年

♣ 수고하셨습니다.

정답

8급 한자 복습

14쪽
1.
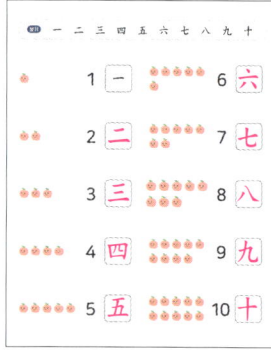

15쪽
2.
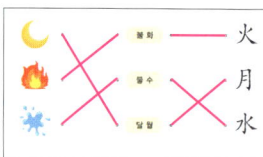

3. ① 4. ④

16쪽
5. ①
6. 어머니 7. 동생
8. 흙 9. 북
10. 南 ①

17쪽
11.

1주차

1일

20쪽

22쪽
1. 一年 2. 少年 3. ①
4. 뜻: 해, 음: 년

23쪽

2일

24쪽

26쪽
1. ① 2. ② 3. ④ 4. ②
5. ①

27쪽
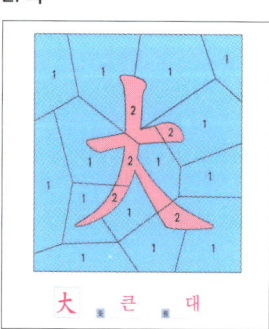

3일

28쪽
四 中 中 口 日 中

30쪽
1. ③ 2. ② 3. ① 4. ③
5. 中 6. 大 7. 年

31쪽
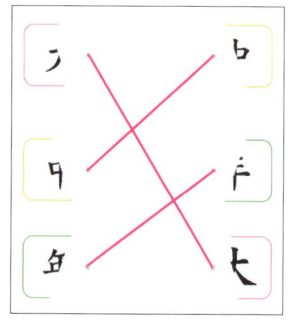

4일

32쪽
小 八 六 六 小 大

34쪽
1. 小 2. ① 3. ①
4. 가운데 5. 작다

35쪽

족집게 예상 문제 36쪽 1. ② 2. ① 3. ② 4. ④ 5. ① 6. ③

122 오늘한자 7급

2주차

5일
38쪽

日 ⓘ目 日 ⓘ目 ⓘ目 月

40쪽
1. 五目 2. 耳目 3. ③
4. ② 5. 3 6. 5

41쪽

6일
42쪽

四 ⓘ母 ⓘ口 日 ⓘ口 ⓘ口

44쪽
1. ② 2. ③ 3. ④ 4. ②
5. ① 6. ③

45쪽

7일
46쪽

男 ⓘ手 水 ⓘ手 兄 ⓘ手

48쪽
1. ① 2. ③ 3. 手 4. 口
5. 歌手 6. 小說

49쪽

8일
50쪽

ⓘ足 ⓘ足 手 兄 ⓘ足 手

52쪽
1. ④ 2. ① 3.

4. 눈 5. 발

53쪽

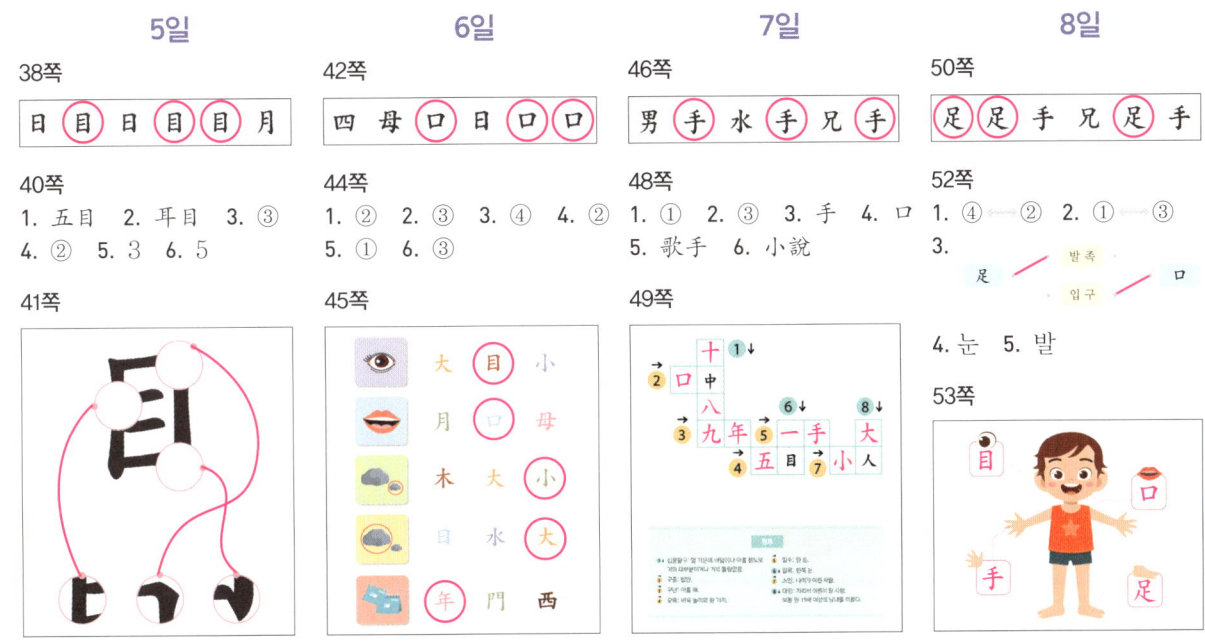

족집게 예상 문제 54쪽 1. ① 2. ④ 3. ④ 4. ③ 5. ③

3주차

9일
56쪽

足 北 ⓘ左 ⓘ左 手 年

58쪽
1. ② 2. ④ 3. ④ 4. ②
5. ③

59쪽

10일
60쪽

ⓘ右 ⓘ右 左 ⓘ右 左 ⓘ右

62쪽
1. 右 2. ② 3. ③ 4. ②

63쪽

11일
64쪽

ⓘ上 土 土 ⓘ上 三 ⓘ上

66쪽
1. 世上 2. 上下 3. ③
4. ② 5. 上 6. 左

67쪽

12일
68쪽

子 ⓘ下 男 ⓘ下 上 大

70쪽
1. ② 2. ④ 3. ① 4. 아래
5. 오른쪽

71쪽

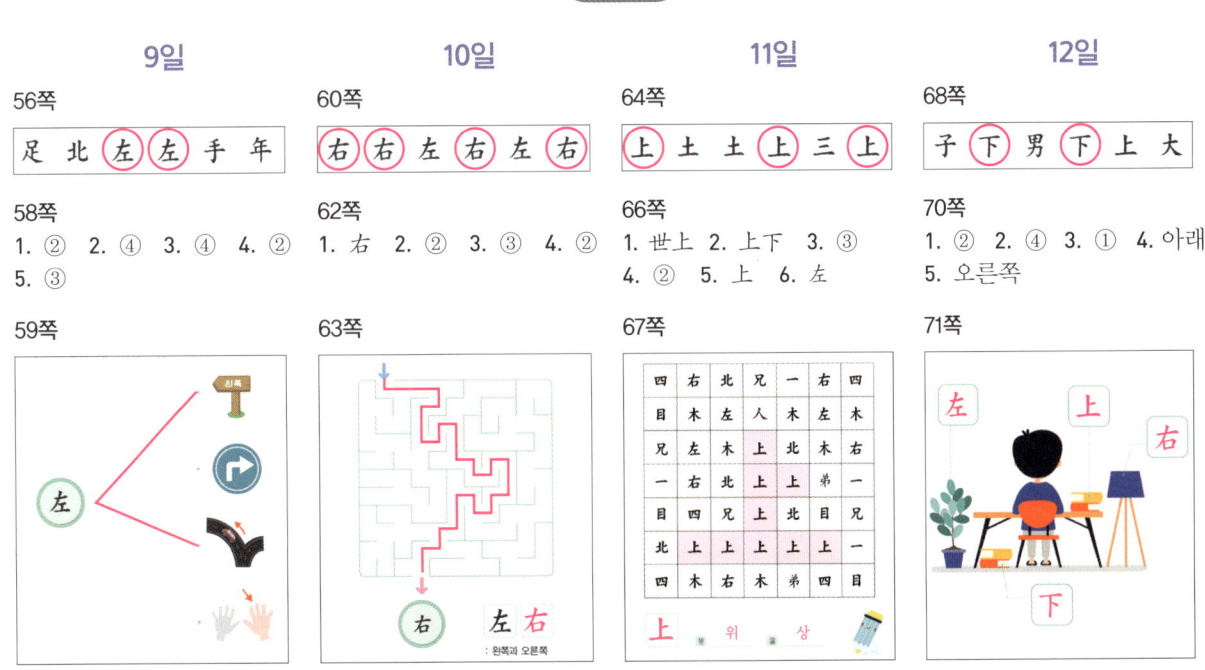

족집게 예상 문제 72쪽 1. ② 2. ① 3. ③ 4. ④ 5. ②

4주차

13일
74쪽

山 ⓞ ⓞ 山 山 ⓞ

76쪽
1. ③ 2. ② 3. ① 4. ②
5. 2 6. 4

77쪽

14일
78쪽

人 人 ⓘ ⓘ 八 ⓘ

80쪽
1. 入門 2. 出入口 3. ②
4. ③ 5. 나다 6. 위

81쪽

15일
82쪽

內 四 ⓘ 中 ⓘ 中

84쪽
1. ② 2. ③
3.
4. ②

85쪽

16일
86쪽

左 ⓞ 門 ⓞ ⓞ 北

88쪽
1. ③ 2. ① 3. ① 4. ③
5. ④

89쪽

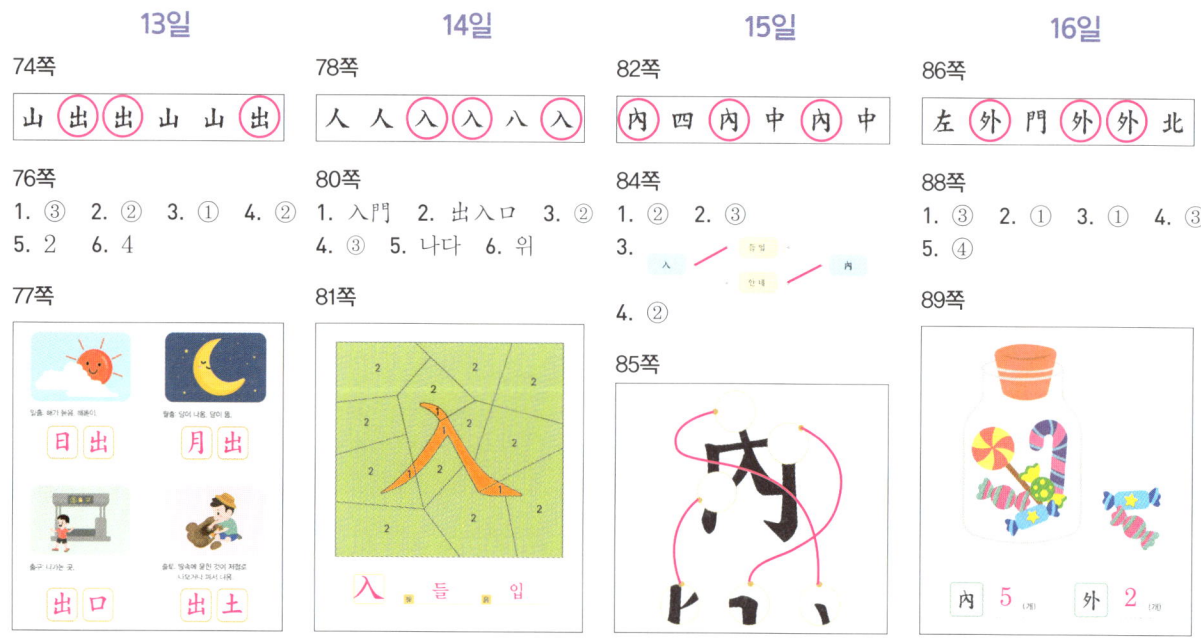

족집게 예상 문제 90쪽 1. ② 2. ③ 3. ① 4. ③ 5. ③ 6. ①

5주차

17일
92쪽

江 左 江 右 江 江

94쪽
1. 강 2. 내 3. ③ 4. ①
5. ②

95쪽

18일
96쪽

山 出 出 山 山 出

98쪽
1. 火山 2. 入山 3. ④
4. ②

99쪽

19일
100쪽

東 靑 靑 東 東 靑

102쪽
1. ① 2. ② 3. ③
4. 푸르다 5. 산

103쪽

20일
104쪽

日 白 日 白 白 日

106쪽
1. ③ 2. ② 3. ② 4. ①
5. ③

107쪽

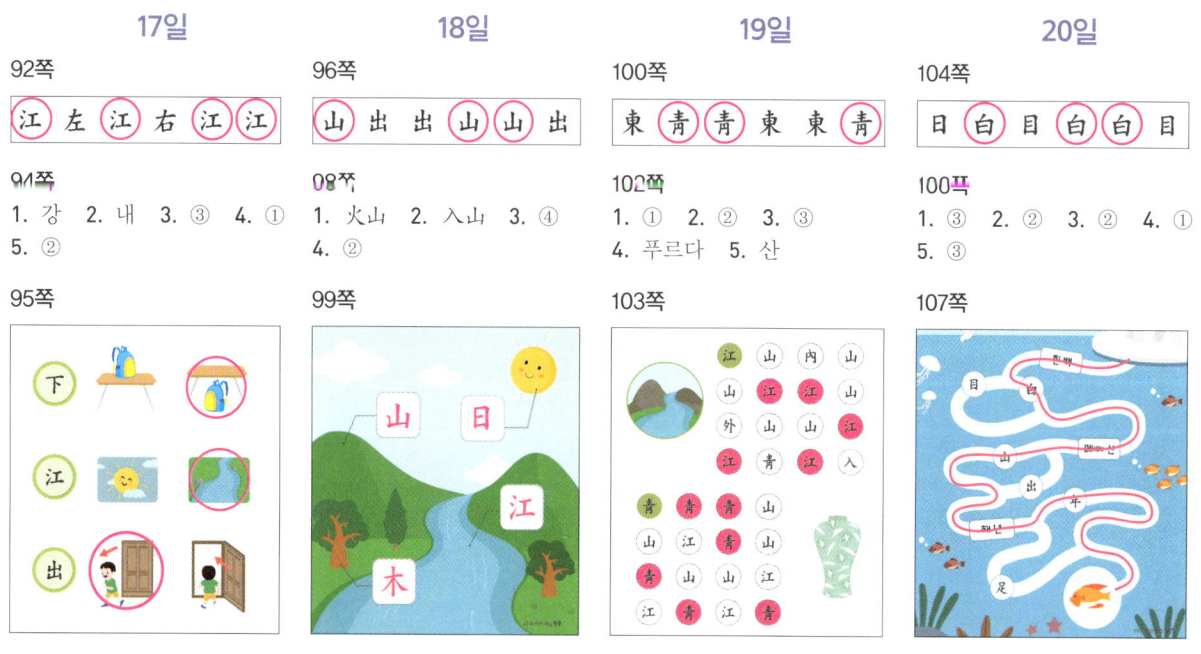

족집게 예상 문제 108쪽 1. ④ 2. ① 3. ② 4. ④ 5. ④

모의시험

119쪽

<table>
<tr><td colspan="10">1회 한자급수자격검정시험 7급 정답</td></tr>
<tr><td>1</td><td>②</td><td>6</td><td>②</td><td>11</td><td>②</td><td>16</td><td>④</td><td>21</td><td>③</td></tr>
<tr><td>2</td><td>①</td><td>7</td><td>④</td><td>12</td><td>③</td><td>17</td><td>①</td><td>22</td><td>①</td></tr>
<tr><td>3</td><td>③</td><td>8</td><td>①</td><td>13</td><td>①</td><td>18</td><td>②</td><td>23</td><td>②</td></tr>
<tr><td>4</td><td>②</td><td>9</td><td>④</td><td>14</td><td>④</td><td>19</td><td>④</td><td>24</td><td>③</td></tr>
<tr><td>5</td><td>③</td><td>10</td><td>①</td><td>15</td><td>②</td><td>20</td><td>①</td><td>25</td><td>④</td></tr>
</table>

120쪽

<table>
<tr><td colspan="10">2회 한자급수자격검정시험 7급 정답</td></tr>
<tr><td>1</td><td>①</td><td>6</td><td>②</td><td>11</td><td>③</td><td>16</td><td>④</td><td>21</td><td>③</td></tr>
<tr><td>2</td><td>②</td><td>7</td><td>①</td><td>12</td><td>④</td><td>17</td><td>①</td><td>22</td><td>①</td></tr>
<tr><td>3</td><td>③</td><td>8</td><td>③</td><td>13</td><td>②</td><td>18</td><td>③</td><td>23</td><td>②</td></tr>
<tr><td>4</td><td>②</td><td>9</td><td>①</td><td>14</td><td>①</td><td>19</td><td>④</td><td>24</td><td>①</td></tr>
<tr><td>5</td><td>①</td><td>10</td><td>③</td><td>15</td><td>②</td><td>20</td><td>①</td><td>25</td><td>②</td></tr>
</table>

121쪽

<table>
<tr><td colspan="10">3회 한자급수자격검정시험 7급 정답</td></tr>
<tr><td>1</td><td>④</td><td>6</td><td>①</td><td>11</td><td>③</td><td>16</td><td>①</td><td>21</td><td>③</td></tr>
<tr><td>2</td><td>①</td><td>7</td><td>②</td><td>12</td><td>①</td><td>17</td><td>④</td><td>22</td><td>④</td></tr>
<tr><td>3</td><td>④</td><td>8</td><td>①</td><td>13</td><td>②</td><td>18</td><td>③</td><td>23</td><td>①</td></tr>
<tr><td>4</td><td>②</td><td>9</td><td>④</td><td>14</td><td>①</td><td>19</td><td>④</td><td>24</td><td>③</td></tr>
<tr><td>5</td><td>③</td><td>10</td><td>②</td><td>15</td><td>②</td><td>20</td><td>①</td><td>25</td><td>②</td></tr>
</table>

[제0-3호 서식]

제[ ]회 대한민국한자급수자격검정시험 답안지

사단법인 대한민국한자교육연구회 / KTA 대한검정회

※ 주 의 사 항

1. 답안지가 구겨지거나 더럽혀지지 않도록 할 것. 모든 □안의 기록은 첫 칸부터 한 자씩 붙여 쓸 것.
2. 답안지의 모든기재 사항은 검정색 볼펜을 사용하여 기재하고 해당번 호에 한개의 답에만 ● 처럼 칠할 것.
3. 수험번호와 생년월일을 정확하게 기재하여 주십시오
4. ※ 표시가 있는 란은 절대 기입하지 말 것.
5. 기재오류로 인한 책임은 모두 응시자 여러분에게 있습니다.

※ 시험종료 후 시험지 및 답안지를 반드시 제출하십시오.

※ 참고사항

※ 예 : 2001. 11. 22 ⇨ 01 11 22

▲ 시험준비물
- 수험표
- 신분증
- 수정테이프
- 검정색볼펜

◈ 시험준비물을 제외한 모든 물품은 가방에 넣어 지정된 장소에 보관할 것.

▲ 시험시간 : 14:00~14:40(40분)
▲ 합격기준 : 100점 만점 중 70점
▲ 합격자발표 : 시험 한 달 뒤 발표
 -홈페이지 및 ARS(060-700-2130)
▲ 자격증 교부방법
 -방문접수자는 접수처에서 교부
 -인터넷접수자는 개별발송

답 안 표 기 란

1	① ② ③ ④	6	① ② ③ ④	11	① ② ③ ④	16	① ② ③ ④	21	① ② ③ ④
2	① ② ③ ④	7	① ② ③ ④	12	① ② ③ ④	17	① ② ③ ④	22	① ② ③ ④
3	① ② ③ ④	8	① ② ③ ④	13	① ② ③ ④	18	① ② ③ ④	23	① ② ③ ④
4	① ② ③ ④	9	① ② ③ ④	14	① ② ③ ④	19	① ② ③ ④	24	① ② ③ ④
5	① ② ③ ④	10	① ② ③ ④	15	① ② ③ ④	20	① ② ③ ④	25	① ② ③ ④

대한검정회 한자급수자격검정시험 오프라인 시험 답안지 작성법

1. 답안지 작성시 준비물

- 응시자는 시험 시작 전 신분 확인증을 위한 수험표, 시험중 청소년증, 학생증, 주민등록증, 보험 카드지갑 등)과 시험 답안지의 검정 볼펜, 수정 테이프만을 책상 위에 꺼내 놓습니다.

2. 응시자 정보 및 응시 정보 기재

- 답안지를 받으면 답안지 상단의 회차를 내모 안에 정확히 기재한 후, 본인이 응시한 해당 시험 종류에 카드지갑의 검정 볼펜, 수정 테이프만 책
- 앞면 윗부분의 "제 □회"의 □안에 회차를 반드시 기재하고, "한자급수자격검정시험" 마킹란에 마킹합니다.
- 성명란은 첫 칸부터 한 자씩 채워 씁니다. (점선 □ 간은 내 글자 이상인 성명을 위한 것입니다.)
- 응시자는 수험표에 기록된 수험 번호의 이름을 시험지에 정확히 기입 후, 답안지에도 수험 번호의 마킹 합니다.
- 수험 번호의 응시 급수는 반드시 □안에 첫 번째 칸부터 정확하게 쓰고, 하단에 본인이 직접 마킹합니다. (운한경시대회 부분 표기란 부분 마킹하지 않습니다. 6·5·4·3·2·1급은 첫 번째 칸에만 작성합니다.
- 생년월일란은 반드시 □안에 첫 칸부터 정확하게 쓰고, 하단에 본인이 직접 마킹합니다. (※수험 번호 및 인적 사항을 모를 시에는 부모 및 수험자에게 그 책임이 있습니다.)

3. 답안지 작성 유의 사항

- 볼펜은 답안지 마킹 방법을 숙지합니다. 검정 볼펜만을 사용합니다.
- 답안 수정은 반드시 수정 테이프를 사용하고, 반드시 다시 쓸 필요가 없습니다. 기재 오류로 인한 책임은 모두 응시자에게 있습니다.
- 답안지에는 낙서하지 않습니다. 감독 확인란에 낙서하지 않습니다. 채점란은 절대 다음하거나 집어 놓도록 합니다. 답안지를 구기거나 접지 않습니다. (본인의 답지 훼손에 의한 오답 처리는 수험자에게 그 책임이 있습니다.)

QR코드를 인식하면 온라인 시험의 답안지 작성법을 영상으로 상세하게 배울 수 있으며, 급수별 답안지 샘플을 다운받을 수 있습니다.

QR코드를 인식하면 온라인 시험의 유의 사항과 답안지 작성법을 영상으로 상세하게 배울 수 있습니다. 기타 안내 사항들도 확인할 수 있습니다.

QR코드를 인식하면 온라인 시험 접수가 안내된 응시자에 한하여, 실제 시험과 같은 환경에 맞춘 모의시험에 응시할 수 있습니다.

제 [ ] 회 대한민국한자급수자격검정시험 답안지

주의사항

1. 답안지가 구겨지거나 더럽혀지지 않도록 할 것. 모든 □안의 기록은 첫 칸부터 한 자씩 붙여 쓸 것.
2. 답안지의 모든기재 사항은 검정색 볼펜을 사용하여 기재하고 해당번호에 한개의 답에만 ● 처럼 칠할 것.
3. 수험번호와 생년월일을 정확하게 기재하여 주십시오.
4. ※ 표시가 있는 란은 절대 기입하지 말 것.
5. 기재오류로 인한 책임은 모두 수험자에게 있습니다.

※ 시험종료 후 시험지 및 답안지를 반드시 제출하십시오.

참고사항

※ 예 : 2001. 11. 22 ⇨ 01 11 22

▲ 시험준비물
- 수험표
- 신분증
- 수정테이프
- 검정색볼펜

◈ 시험준비물을 제외한 모든 물품은 가방에 넣어 지정된 장소에 보관할 것.

▲ 시험시간 : 14:00~14:40(40분)
▲ 합격기준 : 100점 만점 중 70점
▲ 합격자발표 : 시험 한 달 뒤 발표
- 홈페이지 및 ARS(060-700-2130)
▲ 자격증 교부방법
- 방문접수자는 접수처에서 교부
- 인터넷접수자는 개별발송

성명		
수험번호		
응시급	8급	7급

생년월일(주민번호 앞 6자리)

성별: 남 / 여

답안기표란

	1	2	3	4
1	①	②	③	④
2	①	②	③	④
3	①	②	③	④
4	①	②	③	④
5	①	②	③	④
6	①	②	③	④
7	①	②	③	④
8	①	②	③	④
9	①	②	③	④
10	①	②	③	④
11	①	②	③	④
12	①	②	③	④
13	①	②	③	④
14	①	②	③	④
15	①	②	③	④
16	①	②	③	④
17	①	②	③	④
18	①	②	③	④
19	①	②	③	④
20	①	②	③	④
21	①	②	③	④
22	①	②	③	④
23	①	②	③	④
24	①	②	③	④
25	①	②	③	④

감독확인란

대한경정회 한자급수자격검정시험 오프라인 시험 답안지 작성법

1. 답안지 준비물

- 응시자는 시험 시작 전 신분 확인을 위한 수험표, 신분증(청소년증, 학생증, 주민등록증, 본회 키드자격증 등)과 시험 준비물인 검정 볼펜, 수정 테이프만 책상 위에 꺼내 놓습니다.

2. 응시자 정보 및 응시 정보 기재

- 답안지를 받으면 답안지 상단의 회차를 네모 안에 정확히 기재한 후, 본인이 응시한 해당 시험 종류에 반드시 마킹합니다.
- 앞면 윗부분의 "제 ☐☐회 의 ☐☐ 안에 회차를 반드시 기재하고, "한자급수자격시험" 마킹란에 마킹합니다.
- 성명란은 첫 간부터 한 자씩 채워 씁니다.
- 응시자는 수험표에 기록된 수험 번호와 이름을 시험지에 정확히 기입 후, 답안지 마킹을 위한 것입니다. (점선 ☐ 칸은 내 글자 이상인 성명을 위한 것입니다.)
- 수험 번호의 응시급은 반드시 ☐ 안에 첫 번째 칸부터 정확하게 쓰고, 하단에 본인이 직접 마킹합니다. (숫문경시대회 부분 표기란 부분은 마킹하지 않습니다. 6·5·4·3·2·1급은 첫 번째 칸에만 작성합니다.)
- 생년월일란은 반드시 ☐ 안에 첫 번째 칸부터 정확하게 쓰고, 하단에 본인이 직접 마킹합니다. 성별도 빠짐없이 마킹합니다. (※수험 번호 및 인적 사항 모를 시에는 부분 및 수험표를 참고하도록 합니다.)

3. 답안지 작성 유의 사항

- 올바른 답안지 마킹 방법을 숙지합니다. 검정 볼펜을 사용합니다.
- 답안 수정은 반드시 수정 테이프를 사용하고, 보조 또는 대지 쓸 필요가 없습니다. 기재 오류로 인한 책임은 모두 응시자에게 있습니다.
- 답안지에는 낙서하지 않습니다. 가득 확인란에 낙서하지 않습니다. 채점란은 절대 답란하거나 칠하지 않도록 합니다. 답안지를 구기거나 정지 않습니다. (본인의 답지 훼손에 의한 오답 처리는 수험자에게 그 책임이 있습니다.)

QR코드를 인식하면 온라인 시험의 답안지 작성법 영상으로 상세하게 배울 수 있으며, 급수별 답안지 샘플 다운받을 수 있습니다.

QR코드를 인식하면 온라인 시험의 유의 사항과 답안지 작성법 영상으로 상세하게 배울 수 있으며, 기타 안내 사항들도 확인할 수 있습니다.

QR코드를 인식하면 온라인 시험 접수가 완료된 응시자에 한하여 실제 시험과 같은 환경에 맞춘 모의시험에 응시할 수 있습니다.

[제0-3호 서식]

제 □ 회 대한민국한자급수자격검정시험 답안지

사단 법인 대한민국한자교육연구회 / 대한검정회

※ 주 의 사 항

1. 답안지가 구겨지거나 더렵혀지지 않도록 할 것. 모든 □안의 기록은 첫 칸부터 한 자씩 붙여 쓸 것.
2. 답안지의 모든기재 사항은 검정색 볼펜을 사용하여 기재하고 해당번 호에 한개의 답에만 ●처럼 칠할 것.
3. 수험번호와 생년월일을 정확하게 기재하여 주십시오.
4. ※ 표시가 있는 란은 절대 기입하 지 말 것.
5. 기재오류로 인한 책임은 모두 응 시자 여러분에게 있습니다.
   ※시험종료 후 시험지 및 답안지를 반드시 제출하십시오.

※ 참고사항
※ 예 : 2001. 11. 22 ⇨ 01 11 22

▲ 시험준비물
 - 수험표
 - 신분증
 - 수정테이프
 - 검정색볼펜
◈ 시험준비물을 제외한 모든 물품은 가방에 넣어 지정된 장소에 보관할 것.
▲ 시험시간 : 14:00~14:40(40분)
▲ 합격기준 : 100점 만점 중 70점
▲ 합격자발표 : 시험 한 달 뒤 발표
 - 홈페이지 및 ARS(060-700-2130)
▲ 자격증 교부방법
 - 방문접수자는 접수처에서 교부
 - 인터넷접수자는 개별발송

답 안 표 기 란
1 ① ② ③ ④
2 ① ② ③ ④
3 ① ② ③ ④
4 ① ② ③ ④
5 ① ② ③ ④
6 ① ② ③ ④
7 ① ② ③ ④
8 ① ② ③ ④
9 ① ② ③ ④
10 ① ② ③ ④
11 ① ② ③ ④
12 ① ② ③ ④
13 ① ② ③ ④
14 ① ② ③ ④
15 ① ② ③ ④
16 ① ② ③ ④
17 ① ② ③ ④
18 ① ② ③ ④
19 ① ② ③ ④
20 ① ② ③ ④
21 ① ② ③ ④
22 ① ② ③ ④
23 ① ② ③ ④
24 ① ② ③ ④
25 ① ② ③ ④

대한검정회 한자급수자격검정시험 오프라인 시험 답안지 작성법

1. 답안지 작성시 준비물

- 응시자는 시험 시작 전 신분 확인을 위한 수험표, 신분증(청소년증, 학생증, 주민등록증, 보호자 카드지참 등)과 시험 준비물인 검정 볼펜, 수정 테이프만 책상 위에 꺼내 놓습니다.

2. 응시자 정보 및 응시 정보 기재

- 답안지를 받으면 답안지 상단의 화살표 내부 안에 정확히 기재 후, 본인이 응시한 해당 시험 종류에 반드시 마킹합니다.
- 앞면 첫 부분의 "제□□회"의 □안에 회차를 반드시 기재하고, "한자급수자격검정시험" 마킹란에 마킹합니다.
- 성명란은 첫 칸부터 한 자씩 채워 씁니다. (점선□ 칸은 내 글자 이상일 경우 것입니다.)
- 응시자는 수험표의 수험 번호와 이름을 시험지에 정확히 기입 후, 답안지에 응시자를 위한 것입니다.
- 응시자 수험표의 음영란 □ 안에 첫 번째 칸부터 정확하게 쓰고, 하단에 본인이 직접 마킹합니다.
- 수험 번호의 음영란 반드시 □ 안에 첫 번째 칸부터 정확하게 쓰고, 하단에 본인이 직접 마킹합니다. (한문경시대회의 부분 표기란 부분 마킹하지 않습니다. 6·5·4·3·2·1급은 첫 번째 칸에만 작성합니다.)
- 생년월일란은 반드시 □ 안에 첫 번째 칸부터 정확하게 마킹합니다. 성별도 빠짐없이 마킹합니다. (※수험 번호 및 인적 사항을 모를 시에는 부분 및 수험표를 참고하도록 합니다.)

3. 답안지 작성 유의 사항

- 글씨를 답안지 마킹 방법은 속지합니다. 검정 볼펜을 사용하여 ○(동그라미 간) 안의 전체를 정확하기 칠합니다.
- 답안 수정할 경우는 반드시 수정 테이프를 사용하고, 빗물 또는 다시 쓸 필요가 없습니다.
- 답안지에는 낙서하지 않습니다. 간혹 활인란에 낙서하지 않습니다. 채점란은 절대 대답하거나 참고(표시)되지 않도록 합니다.
- 답안지 훼손으로 인한 오답 처리는 수험자에게 그 책임이 있습니다. (본인의 답안 훼손에 의한 오답 처리는 수험자에게 그 책임이 있습니다.)

 7급 한자 카드

年 해 년	大 큰 대	中 가운데 중
小 작을 소	目 눈 목	口 입 구
手 손 수	足 발 족	左 왼 좌

| 青 | 푸를 청 |
| 白 | 흰 백 |

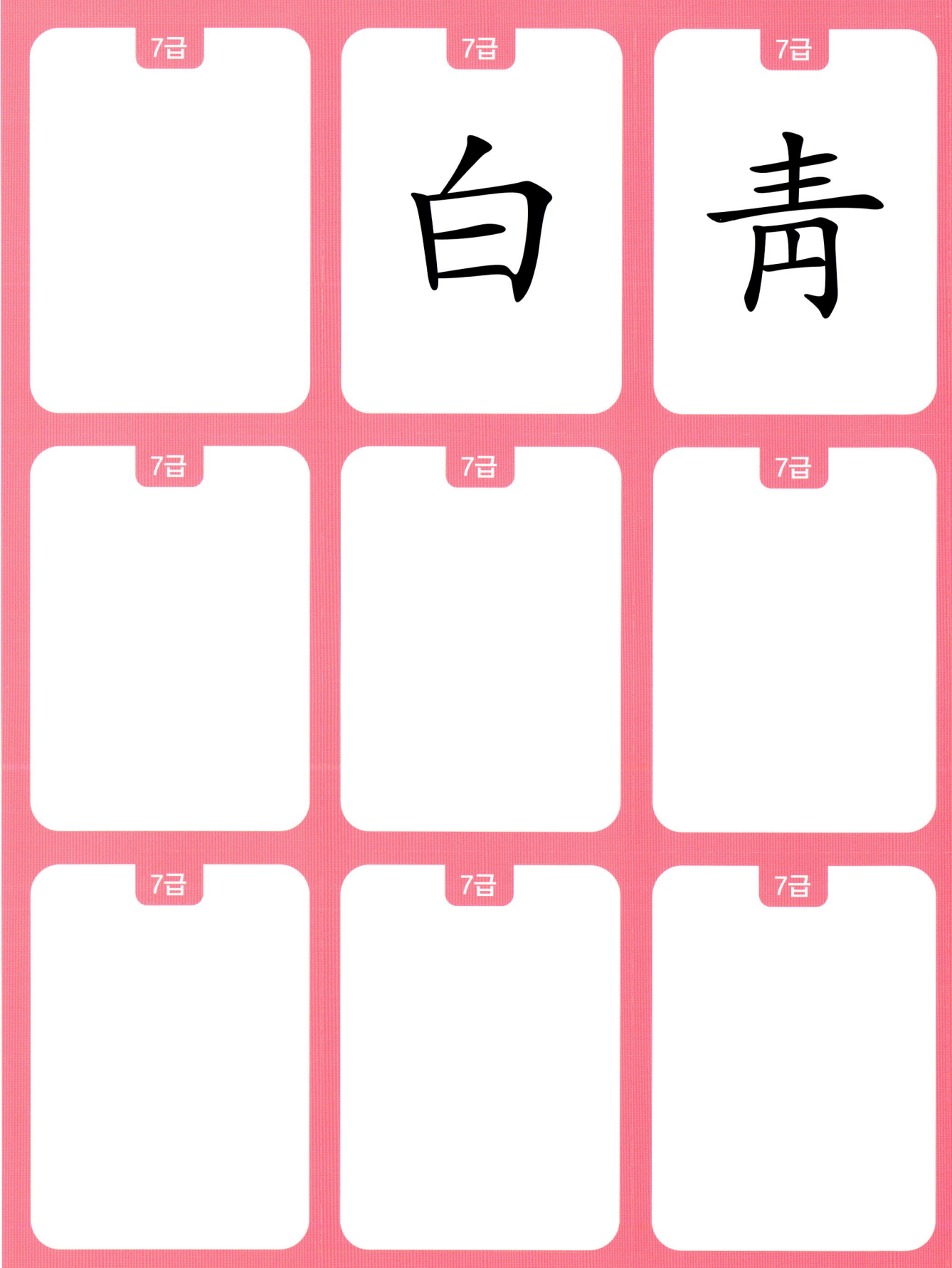